Den mindst ringe verdensorden.
USA og Mellemøsten 2011-2020

DEN MINDST RINGE VERDENSORDEN
USA og Mellemøsten 2011-2020
Udvalgte artikler

Birthe Hansen

PS

Den mindst ringe verdensorden.

Poliske Skrifters Hard Work-serie nr. 4.
Flere kan bestilles på: cjtempora@mail.com

Tekst: Birthe Hansen
Redaktion og forord: Carsten Jensen

© 2022 Carsten Jensen
Forlag: BoD – Books on Demand, Hellerup, Danmark
Tryk: BoD – Books on Demand, Norderstedt, Tyskland
ISBN: 9788743046998

Den mindst ringe verdensorden, indhold:

Forord

I februar 2022 angreb Rusland Ukraine. Præsident Vladimir Putins regering startede en militær konflikt, som stadig foregår i skrivende stund, og selvom krigen foregår i Europa, har den alligevel aktualiseret de tekster, der er samlet i denne bog. Den har nemlig fremprovokeret overvejelser over hele kloden om, hvilken form for politik, man foretrækker: En politik, der ligger inden for rammen af den 'nye verdensorden', der er blevet foreslået af USA, eller en udfordrende, autoritær orden, der ligger i forlængelse af det aktuelle russiske lederskabs tænkning. FN's generalforsamling var ikke i tvivl: USA's forslag til fordømmelse af Putins krig fik 141 landes stemmer. Kun fem lande modsatte sig resolutionen: Rusland, Belarus, Nordkorea, Syrien og Eritrea. USA's særlige placering i verdenspolitikken har derfor manifesteret sig endnu en gang. Alene af den grund kan det stadig være relevant at diskutere og studere den aktuelt mindst ringe verdensorden.

Birthe Hansen (1960 – 2020) udgav en meget lang række bøger og artikler, der undersøgte det, hun kaldte 'den nye verdensorden'. I hendes forståelse var det et amerikansk udspil til politisk lederskab i et globalt projekt, der var baseret på USA's styrke i det internationale system (kaldet 'unipolaritet') og især to normative forslag: tilslutning til demokratisering og udbredelse af markedsøkonomi.

Denne bogs første kapitel, *Den mindst ringe verdensorden*, har også givet navn til bogen. Det drøfter den overordnede ramme for politikken, nemlig omtalte Nye verdensorden, der blev etableret efter Sovjetunionens sammenbrud i 1989 i kontekst. Teksten eksemplificerer den slags analyser, der følger af Birthe Hansen koncept om Den nye verdensorden. Den tager i korthed udgangspunkt i, at USA efter Sovjetunionens bortfald stod med en unik politisk styrkeposition, og derfor med en særlig mulighed for at udbrede landets egne dominerende samfundsmæssige normer; liberalt demokrati og delvis reguleret markedsøkonomi. Samtidig blev det antaget, at de fleste lande også selv ville søge at efterligne disse normer. Teksten placerer især mellemøstlig politik i denne ramme, men breder sig også ud over andre emner i verdenspolitikken.

Bogens kapitler består mere præcist af en række af Birthe Hansens tekster om USA og politik i Mellemøsten fra 2011 og et lille tiår frem. Eller med andre ord tiden fra Det arabiske forår til og med Donald Trumps præsidentskab. Et udvalg af hendes formidlende og diskuterende tekster og interviews fra den nævnte periode blev udgivet i bogen *Opbrud i Mellemøsten* (2020). *Den mindst ringe verdensorden* er derimod sammensat af tekster, der blev offentliggjort i tidsskrifter og bøger, der især retter sig mod fagligt-professionelle sammenhænge.

Kapitlet *Neorealismen og Det arabiske forår* sætter den teoretisk ramme, hvor den ovennævnte tekst satte overvejende praktisk, politisk ramme. De øvrige tekster er organiseret kronologisk, mens de to første, som det fremgår, har fået deres placering ud fra deres centralitet i forhold til emnekredsen.

8

USA's rolle i Mellemøsten berøres strengt taget i alle kapitler, men er især tematiseret i *USA's Libanonpolitik, Obamas sikkerhedspolitiske udfordringer, USA's sikkerhedspolitiske vision under Trump, Trump på udebane* og *Trump i Mellemøsten.*

Tekstudvalget er ikke udtømmende for Birthes arbejde med relevante, tilgrænsende emner i perioden. Bøgerne *Unipolarity and World Politics* (2011), *Kenneth Waltz* (2012), *Demokrati i Mellemøsten* (2012), *Terrorisme på tværs*, 3. udg. (2018) og Birthes bidrag til bøgerne *Democracy Managers*, (2013), *Et farvel til Terror* (2015), *Rusland i Mellemøsten* (2016) og *Putins Rusland* (2022) er jævnaldrende med bogens kapitler. De tegner et bredere billede af hendes bidrag i årtiet på disse felter.

Da jeg i november 2019 foreslog Birthe et første udkast til denne bog, syntes hun godt om ideen. Dansk Udenrigspolitisk Institut (i dag Dansk Institut for Internationale Studier) udgav i 1998 bogen *Politik i Mellemøsten*, der samlede en række af Birthes artikler fra 1990'erne. Jeg havde i forlængelser heraf givet første udkast til tekstudvalget titlen *Ny politik i Mellemøsten*. Birthe så den imidlertid mindst lige så meget som en bog om USA's politik både i regionen og mere generelt. Derfor har den endelige udgave, der er blevet strammet op i en mere faglig retning, fået en undertitel, der ligger i forlængelse af Birthes idé.

Carsten Jensen
København, maj 2022.

Den mindst ringe verdensorden[1]

I 25 år har USA's styrkeposition og politik forsynet os med en 'verdensorden', der i et historisk perspektiv fremstår som den mindst ringe: fravær af store krige, mere demokrati, økonomisk fremgang – men dog også sammenbrudte stater og terrorisme.

USA har været enesupermagt i mere end en generation. Undervejs er USA blevet kaldt 'svækket', på 'nedtur' og mange andre ting[2], men der er stadig ikke andre magter, der matcher USA målt på Kenneth Waltz' klassiske kapabilitets-kriterier[3]. USA's absolutte styrkeforspring er blevet reduceret undervejs og dermed dets muligheder for at handle så frit som f.eks. i de glade 1990'ere, hvor præsident Clinton bragte orden i de amerikanske budgetter, men samtidig havde tid til at more sig. USA er imidlertid stadig enesupermagt og den mest magtfulde aktør, selv om der også er begrænsninger. Spørgsmålene her er, hvordan det er gået den amerikanske verdensorden i tiden efter koldkrigsafslutningen, og hvad vi skal vente os fremover?

---

[1] Teksten blev oprindeligt udgivet i *Samfundsøkonomen* (2015), nr. 4.

[2] Fx Layne 1993; Tood 2003; Haass 2008; Altman 2009.

[3] Ifl. Waltz (1979) identificeres en supermagt ved et relativt forspring til andre stater på den samlede score af syv kapabiliteter, der er størrelse af befolkning, territorium, økonomi, militær, naturressourcer, politisk stabilitet samt kompetence. Det er ikke nok at score højt på tre-fire af disse.

Status efter godt 25 år er, at der har været ups-and-downs, men at det faktisk er gået meget godt for USA og dets politiske projekt, at det i et historisk lys har været en 'godartet' verdensorden, og at fremtiden er mere usikker.

Neden for defineres først den her anvendte forståelse af begrebet verdensorden, dernæst beskrives særlige karakteristika ved den *amerikanske* verdensorden, så gennemgås enkelte områder hver for sig og hvordan, de har udviklet sig de seneste ca. 25 år, og endelig diskuteres verdensordenens fremtidsudsigter.

Den amerikanske verdensorden

Begrebet verdensorden forstås her som en kombination af supermagtens supermagtens styrke i det internationale system og dens politiske projekt (Hansen 2011:94)[4]. Supermagtens styrke afgør muligheden for at sprede det politiske projekt. I en situation med flere supermagter (multipolaritet) konfronteres flere forskellige projekter, og de udvandes til dels, da de store magter skal tage mange alliancehensyn (Waltz 1979). Under bipolaritet som under den kolde krig kommer projekterne til at stå skarpt over for hinanden og bliver derfor meget distinkte (Heurlin 1990). Under den aktuelle unipolaritet bliver projektet inklusivt og bredt, da USA står alene med den væsentlige lederskabsforpligtelse. Da

---

[4] For andre opfattelser af begrebet verdensorden, se Ikenberry 2012 (2012), og Kupchan (2012).

stater tenderer mod at imitere succesfulde stater og at tilpasse sig det internationale systems konkurrencevilkår, antages det, at flertallet af dem i store træk vil imitere den amerikanske model og tilpasse sig systemet (Hansen 2011).

Det politiske projekt forstås som supermagtens koordinerede politikker, der bidrager til en overordnet retning for lederskab og sætter dagsordenen. Retningen bestemmes af, hvordan supermagten, i dette tilfælde USA, udtrykker sine mål i forhold til økonomi, politik og ideologi. Udtrykkene herfor kan man finde i den officielle amerikanske politik, herunder præsidentens taler, hvor den amerikanske regering sender signaler til såvel venner som fjender og offentligt forpligter sig på sine budskaber. Dette skal selvfølgeligt ses i sammenhæng med, hvad USA faktisk gør, og tilsammen kan man få et overordnet billede at USA's politiske projekt.

Denne tilgang til verdenspolitikken er baseret på Kenneth Waltz's *Theory of International Politics* (1979) og bygger på et ofte overset aspekt af teorien, der omhandler den mere 'usynlige' internationale udvikling, socialiseringen. Dette er ikke desto mindre relevant og kan bidrage til forklaringen af, hvorfor nogle, dybe internationale trends slår mere igennem i nogle historiske perioder end i andre. Desuden muliggør de at sammenfatte udviklingstendenser i en tilsyneladende uoverskuelig global virkelighed.

Hvis man læser de amerikanske præsidenters taler (især *State of the Union*-talerne) i tiden efter den kolde krigs slutning, finder man for det første et udtryk for, at USA er og ønsker at være den ledende magt i verden. Derudover udtrykkes en række mål, hvor af de mest fremtrædende er udbredelse af demokratisering og menneskerettigheder, markedsøkonomi, samt stop for spredning af masseødelæggelsesvåben. Endelig er terrorisme kommet højt på dagsordenen efter 11. september 2001.

Dette projekt har USA forfulgt ganske effektivt, om end hverken fuldkomment eller konsistent. Indimellem har målene måtte vige for andre sikkerhedspolitiske interesser eller fordi det amerikanske magtforspring ikke har været stort nok. Ligeledes er socialiseringsprocessen med imitation og tilpasning slået stærkt igennem.

For demokrati og menneskerettigheder

I en tale den 6. november 2003, der blev holdt et halvt år efter invasionen af Irak, satte præsident Bush ord på demokrati som den nye sikkerhedsstrategi i Mellemøsten:

" Sixty years of Western nations excusing and accommodating the lack of freedom in the Middle East did nothing to make us safe – because in the long run, stability cannot be purchased at the expense of liberty. As long as the Middle East remains a place where freedom does not flourish, it will remain a

place of stagnation, resentment, and violence ready for export."[5]

Talen markerede en allerede igangsat politik, der ændrede koldkrigstidens prioritering af stabilitet i Mellemøsten til en vægt på ændring af forholdene i regionen. Blandt de større bestræbelser herfor, kan regnes invasionen af Irak, de opfølgende initiativer i Afghanistan, men også en lang række politiske og økonomiske initiativer andre steder som de arabiske reforminitiativer.

Det er dog ikke kun den politisk besluttede demo-krati-eksport, der har sig store spor i forhold til dette karakteristika ved den amerikanske verdensorden. Som Kenneth Waltz skrev, er imitation en vigtig dynamik i det internationale system. Som oftest imiterer staterne de mest succesfulde, hvilket pt. er USA. Det gør de for frivilligt at lade sig socialisere på de internationale konkurrencevilkår, hvor det kan blive dyrt at halte bagefter.

Som et eksempel på imitation og frivillig socialisering kan nævnes den store tilgang af demokratier, der har været under den amerikanske verdensorden. Den første runde kom i det tidligere Østeuropa. Senest har en række arabiske samfund gennemgået forandringer fra de hidtidige autoritære styreformer til begyndende demokratisering. Flere af disse befinder sig i en overgangsfase med forsigtige forsøg,

---

[5] http://georgewbush-white-house.archives.gov/news/releases/2003/11/20031106-2.html

og i flere er det omfattende magtkampe i gang. Ikke desto mindre har de oplevet omvæltninger og på længere sigt, måske, demokratisering.

Ifølge Møller og Skaaning har der siden 1989 (og frem til 2007) fundet 73 demokratiske transitioner og 25 sammenbrud sted, hvilket giver et nettotal på 48 (Møller og Skaaning 2010:127). Hvis man hertil lægger omvæltninger i de arabiske lande (Tunesien, Irak og Libyen) får man et meget højt tal under den amerikanske verdensorden, og alt i alt kan op mod 50 % af verdens lande betegnes som demokratiske (Møller og Skaaning 2010: 18).

Der har dog også været skønhedspletter på den amerikanske indsats. Her kan nævnes Guantanamo-basen, der stadig er aktiv, hændelserne i Abu Graib-fængslet i Irak i kølvandet på invasionen, samt en række nære politiske forhold til stadigt autoritære stater som fx Saudi Arabien.

Dette ændrer dog ikke ved det overordnede billede: at den aktuelle verdensorden har trukket uset mange stater i demokratiske retning, og at USA har ført en politik til forhold herfor i Mellemøsten.

Mod masseødelæggelsesvåben

En anden høj amerikansk prioritet har været indsatsen mod spredning af masseødelæggelsesvåben, der udover deres ødelæggende potentialer i sig selv både ville kunne føre til ukontrollable konfliktforløb og forhindre effektivt management. Efter koldkrigs-afslutningen var en af de første handlinger da også at hjælpe Rusland med at 'købe' kernevåben tilbage fra tre af de nu selvstændige ex-Sovjetrepublikker, så der kom styr på våbnene. Brasilien og Sydafrika, der havde programmer, der blev anset for at være langt fremme, opgav frivilligt disse programmer i 1990 henh. 1991.

Senere har flere stater været genstand for tvungen socialisering, idet de har forsøgt sig med udvikling eller brug af masseødelæggelsesvåben, eller ikke-opfyldelse af kravene herom. Irak blev tvunget til afvæbning af FN efter Golfkonflikten 1990-91 (hvor deres lagre blev destrueret), men valgte efterhånden ikke at opfylde de efterfølgende inspektions-krav. Det førte til en amerikansk-ledet invasion i 2003. Gaddafi-styret i Libyen afleverede et halvt år senere sin kapacitet til USA af frygt for en lignende invasion. Iran optrappede sin uranberigelse og ud-viklingskapacitet i 00'erne, og blev derefter pålagt sanktioner. I Syrien blev der i august 2013 anvendt kemiske våben, hvorefter pres fra et samarbejde mellem Rusland og USA førte til, at Asad-regimet i 2014 udleverede sine officielt deklarerede våben under en i øvrigt dansk-ledet operation, RECSYR.

Aktuelt set udgør Iran, der gerne vil forhandle, men nødigt opgive sit kernevåbenprogram, et stort pro-blem. Ligeledes er der frygt for, at terrorbevægelsen Islamisk Stat skal få kemiske våben.

Samlet set er der dog sket en styrkelse af ikke-spredningsregimet, og der ses med større internati-onal alvor på anvendelse af kemiske våben mod egen befolkning, end der gjorde under den kolde krig (hvor Saddam Hussein-styret anvendte sådanne mod kurdere i Halabja), og hvor arabiske lande oprustede på dette område.

I tilfælde, hvor den amerikanske verdensorden for alvor begynder at blive udfordret, vil der formentlig ses en stigning af antallet af stater, der trods underskrivelse af NPT og hidtidig tilbageholdenhed, vil forberede en kernevåbenkapacitet. De vil sikre sig mod den usikkerhed, der typisk opstår i overgangsperioder.

Krigen mod terrorisme blev til *Overseas contingent operations*

Et tilsyneladende dilemma under den unipolære, amerikanske verdensorden har været, at man har set en stigning i international terrorisme i Vesten samt en stigning i regional terrorisme i Mellemøsten. Man kan imidlertid opstille den hypotese, at en unipolær verdensorden fremprovokerer terrorisme: den nok så brede og inklusive verdensorden kan ikke undgå at marginalisere en række grupper, og disse har ikke nogen magtfuld allieret at henvende sig til, som det var tilfældet under den kolde krig. De er derfor nødt til i højere grad at kæmpe selv, og hovedfjenden, der står i vejen for et alternativt projekt, er enesupermagten og dens allierede.

USA var plaget af international terrorisme op gennem 1990'erne (fx bilbomben under World Trade Center 1993, Khobar Towers i Saudi Arabien 1996, og ambassadebombningerne i Kenya og Tanzania

1998), og al Qaeda-angrebene i 2001 udgjorde en kulmination.

Som følge af 11. september-angrebene i New York og Washington, D.C., erklærede USA 'krig mod terrorisme' og invaderede Afghanistan i slutningen af 2001. Baggrunden for invasionen var, at det daværende Taleban-styre ikke ville udlevere den hovedmistænkte, Osama bin Laden.

Dermed blev bekæmpelse af terrorisme en amerikansk prioritet og kom på dagsordenen. Selv FN strammede sin tilgang til terrorisme. Vægten blev flyttet fra at se terrorisme som et symptom til handling og bekæmpelse, og det blev besluttet, at medlemsstaterne ikke måtte give husly til terrorister og skulle kriminalisere økonomisk støtte til sådanne (Brett 2002). Mange stater fulgte valgte desuden at deltage – i større eller mindre omfang – i operationerne mod terrorisme.

Barack Obama overtog præsidentposten i 2009 og brugte kun udtrykket 'Krig mod terrorisme' en enkelt gang, i januar 2009. Derefter fremgik det, at regeringen ville undgå at bruge betegnelsen, men i stedet foretrak at tale om Begrænsede udenlandske operationer (*Overseas contingent operations*), når USA indgik i terrorbekæmpelse rundt omkring i verden.

Til gengæld fortsatte Obama den amerikanske prioritet. Selv om han gik til valg på en 'anti-war bill', godkendte han operationer mod terrorisme mod terrorbevægelsen Islamisk Stat i Irak og Syrien (Jackson 2015). *Operation Inherent Resolve* var direkte

rettet mod terrorisme og indebar luftbombarde-
menter, træning af irakiske styrker og våbenforsy-
ninger til syriske oprørere.

USA har siden formået at holde sit eget land stort
set frit for international terrorisme (om end ikke
helt, jf. terrorangrebene under Boston Maraton i
2013), og al-Qaeda som sådan er blevet stærkt
svækket. Til gengæld har de forandringsprocesser,
som USA har bidraget til at igangsætte i Mellem-
østen, og opbrudsfasen har ført til adskillige lokale
magtkampe – hvori terrorisme indgår som middel.

Et eksempel herpå er terrorbevægelsen Islamisk
Stat, der fra foråret 2014 opnåede betydelige terri-
torielle gevinster i Irak. Islamisk Stat er en udløber af
al-Qaeda, der har rekrutteret blandt utilfredse (og
forfordelte) sunni-muslimer i Irak, samt lukreret på
borgerkrigen i Syrien. Bevægelsens mål er oprettel-
sen af et kalifat for sunni-muslimer, uddrivelse af
andre og dermed en ændring af magtforholdene.
Islamisk Stat afspejler dermed en marginaliseret
gruppe, der både er blevet presset regionalt og står
over for verdensordenens pres for markedsøkonomi
og demokrati – og dermed risikere at miste alle ud-
sigter til traditionelle økonomiske, sociale og politi-
ske magtpositioner. Desuden har bevægelsen lukre-
ret på Iraks centralregerings svage status og sam-
menbruddet af den syriske stat.

Fred og sikkerhed

Det har været diskuteret, hvorvidt den amerikanske verdensorden har været fredelig. Nuno Monteiro har hævdet, at unipolaritet er ufredelig (2012). Det bygger han på, at USA har været involveret i krigsførelse i en længere årrække.

Modargumentet (Wohlforth 1999; Hansen 2000) bygger på, at der siden koldkrigsafslutningen har der ikke været nogen stormagtskrige, hvilket kan være de mest ødelæggende, og der kun været få og korte krige mellem øvrige stater. Der har været en række interventioner: USA har – med eller uden allierede – interveneret i Kuwait, Somalia, Haiti, Kosovo, Afghanistan, Irak, Libyen og Syrien, men mest tabsgivende her har været de efterfølgende interne magtopgør. Ikke desto mindre fremstår den amerikanske verdensorden som fredelig set i et historisk perspektiv.

To områder træder frem, hvis man fokuserer på konfliktsiden: Mellemøsten og Rusland.

I Mellemøsten prøvede Saddam Husseins Irak grænser lige efter koldkrigsafslutningen og invaderede Kuwait. USA statuerede dog hurtigt et eksempel og smed Irak ud igen med FN-opbakning og hjælp fra en koalition. Tabstallene voksede imidlertid som følge af den forandringsproces i regionen, der blev sat i gang med invasionen af Irak i 2003 og de efterfølgende arabiske revolter fra 2011.

I august 2008 udbrød en kort krig, da georgiske styrker intervenerede i provinsen Sydossetien, hvor russiske styrker gik til modangreb (Mouritzen og

Wivel 2012). Dernæst annekterede Rusland halvøen Krim i starten af 2014, samt støttede separatister i Ukraine.

Med fraværende stormagtskrige og begrænset mellemstatslig krigsførelse har den amerikanske verdensordens største udfordring på konfliktområdet været sammenbrudte stater, især i Afrika og Mellemøsten.

Lederskab

"If the leading power does not lead, the others cannot follow", skrev Kenneth Waltz som afslutning på sin teori om international politik (Waltz 1979: 210). I perioden siden koldkrigsafslutningen har USA indtil videre haft fire præsidenter med hver deres ledelsesprofil.

Det lykkedes for George Bush at opnå FN-mandat og bred tilslutning befrielsen af Kuwait i 1990-91, hvor USA statuerede et eksempel i forhold til mellemstatslige relationer. Bill Clinton prioriterede i højere grad den amerikanske økonomi og forholdet til Asien i 1990'erne, men foretog også kontroversielle NATO-udvidelser. Præsident George W. Bush startede det nye årtusind med fundamentale ændringer i den amerikanske sikkerhedsdoktrin og invaderede Irak med forandring til hensigt. Hans efterfølger, Barack Obama var mindre klar (om end længere) i mælet og mere uddelegerende (Hansen 2011).

I løbet af den amerikanske verdensorden har USA samlet en række ad hoc-koalitioner i forbindelse med interventioner. Kajsa Ji Noe Oest (2009) har lavet et studie af disse koalitioner, der har haft mellem 15 og 40 deltagende lande. Mindst lige så interessant som antallet er imidlertid, at koalitionerne har haft mange forskellige deltagende lande.

Efter invasionen af Irak i 2003, har USA samlet to mindre koalitioner: Libyen 2011, *Odyssey Dawn* (fik efterhånden 19 deltagere[6] – vesteuropæiske og arabiske lande – og havde FN-mandat); og Syrien/Irak/Islamisk Stat, *Inherent Resolve*, 2014 (16 deltagere – vesteuropæiske, arabiske lande, Australien og New Zealand).

Oest har vist, at USA siden koldkrigsafslutningen har været villig til at intervenere også uden FN-mandat, har kunnet samle relativt store koalitioner, og at deltagelsen i høj grad har været baseret på europæiske lande (i starten vesteuropæiske, senere også østeuropæiske), Canada, Australien og New Zealand. Hertil kommer andre grupper, afhængigt af, hvor interventionen har fundet sted (deltagelse af arabiske lande ift. interventioner i Mellemøsten henh. latinamerikanske ift. Haiti).

Samtidig med, at arabiske lande har deltaget i flertallet af de amerikansk-ledede koalitioner, har der imidlertid udviklet sig anti-amerikanisme i Mellemøsten. Rubin og Rubin (2004) peger på, at antiamerikanisme ikke er et nyt fænomen, men den har fået et voldsomt udtryk under den aktuelle verdensorden, herunder baseret på militant islamisme.

---

[6] Operationen blev overtaget af NATO under navnet *Unified Protector*.

Især under præsident Obama har USA nedtonet italesættelsen af sit lederskab og har i stedet satset på at uddelegere ansvar og opgaver som ift. interventionen i Libyen, hvor Frankrig og UK havde kommando sammen med USA og stod for en stor del af indsatsen. Desuden har USA søgt at træne og bevæbne lokale (hæren i Irak, grupper i Syrien) i forbindelse med *Inherent Resolve*.

Som med andre typer militært samarbejde i historien har der været stor forskel på, hvor meget de deltagende stater konkret bidrog med. Dette er tydeligt i forhold til koalitionerne under den amerikanske verdensorden, hvor adskillige stater bidrog med f.eks. underskrivelse af støtteerklæringer, åbning af luftrum eller få specialstyrker (se f.eks. Lorenz 2003). Det vigtige i forhold til koalitionerne har dog ofte netop været den politiske støtte og deraf følgende legitimitet, da USA militært set kunne have klaret flere af opgaverne selv og på nemmere vis (jf. bomningerne af Serbien i 1999, hvor der udviklede sig diskussioner i den endog lille koalition om de specifikke bombemål).

Fremtidsperspektiver

Hvordan, den amerikanske verdensorden vil udvikle sig fremover, afhænger i høj grad af USA's styrkeforspring: kan USA bevare dette og dermed sin position som enesupermagt?

Selv om man som her bygger på en neorealistisk kapabilitetsanalyse og dermed, at USA stadig er enesupermagt, er der ingen tvivl om, at USA's *abso-lutte* styrkeforspring blevet reduceret. En tese er, at unipolariteten er 'robust, men ikke *nødvendigvis* varig' (Hansen 2000). Der ligger indbyggede 'fælder' i unipolariteten: de andre stater kan køre frihjul og lade enesupermagten slide sig op på management-bestræbelser (den skal håndtere hele verden), mens de selv øger deres kapabiliteter. Den har dog også nogle indbyggede fordele, så resultatet er et empirisk spørgsmål.

En af de ting, enesupermagten kan gøre, er at skifte mellem forskellige management-strategier afhængigt af dens formåen og ambitioner. Under præsident Clinton første USA en minimalistisk strategi og helligede sig genopbygning af indre kapabiliteter og alliancepolitik efter koldkrigen. Det førte til budgetoverskud. Under George Bush blev den forbedrede økonomi brændt af på en maksimalistisk strategi, hvor USA forsøgte at forandre nogle grundvilkår i især Mellemøsten. Barack Obama vendte tilbage til en minimalistisk strategi dels i lyset af den foregående ressourcetunge indsats, dels fordi Kina i mellemtiden havde reduceret kapabilitetskløften (især på det økonomiske område).

Man kan diskutere, hvad den aktuelt set minimalistiske amerikanske strategi mere grundlæggende dækker over. Der kan være tale om en balancering af indre og ydre ressourcer, der løbende skifter. Der kan også være tale om en frontforkortning i lyset af USA's reducerede absolutte forspring (om tilbagetrækningsstrategier se Toft 2006). Endeligt kan der være tale om en påbegyndende forandring af det internationale systems struktur bort fra unipolaritet.

Konkret har Robert Kagan (2008) advaret mod, at den såkaldt autoritære akse (Rusland, Kina og en række mindre lande med autoritære styrer) har været på vej frem og opnået øget indflydelse i det internationale samfund. Disse lande har ikke bare haft økonomisk vækst, men de har også haft et alternativt politisk projekt, hvor demokrati har spillet en mindre rolle. Projektet har hidtil begrænset udfoldelsen af den amerikanske verdensorden, men det har endnu ikke været magtfuldt nok til at matche det. Hvis man skal tale to klare konfliktlinjer under den aktuelle unipolaritet, må det være om intervention, der bl.a. har afspejlet sig i forhold til uenigheder i FN's Sikkerhedsråd – fx om en evt. intervention i Syrien (Jensen 2014), og generelt indblanding/påvirkning af interne forhold i andre stater.

En kinesisk alternativ verdensorden ville kræve, at Kina ikke blot fortsatte de høje økonomiske væksttal, men udviklede sig til en fuldstrenget supermagt. På trods af de hidtidige høje væksttal, kan Kina imidlertid løbe ind i store vanskeligheder. Dels kan den forcerede modernisering føre til tab af sammenhængskraft, hvis den kinesiske befolkning kræver, at den økonomiske fremgang fører til mere indflydelse. Dels kan Kina komme til at anvende mange ressourcer på at gå fra at køre frihjul og kopiere til at begynde at tage ansvar og innovere for at nå det sidste stykke – i modsætning til bestræbelserne de seneste årtier, hvor Kina har søgt at opbygge sig selv (Jisi 2011). Hvis processen imidlertid fortsætter, og der opstår bipolaritet med Kina som en ny supermagt, kan to scenarier[7] tænkes.

I det ene vil Kina, afhængigt af, hvor meget det har nået at tilpasse sig de aktuelle vilkår inden da, formodes at tilbyde et alternativt hegemonisk projekt, der bygger på en markedsøkonomi uden fagforeninger og et autoritært styre med begrænset folkelig indflydelse[8]. Et projekt, man kunne kalde 'Mussolinis drøm' – modernisering uden demokrati.

I det andet vil Kina nøjes med at forfølge nationale interesser og føre magtbalancepolitik. Et sådant projekt kunne man kalde 'Disraeli-modellen' jf. Disraelis indkøb af aktier i Suezkanalen og magtspil med Rusland på Balkan.

Begge versioner vil imidlertid føre til et mindre pres for demokratisering globalt set, da der opstår et andet magtfuldt alternativ. Ligeledes må man formode, at globaliseringsprocessen vil dæmpes, at de internationale institutioner vil blive genforhandlet,

---

[7] De to scenarier skal tages med forhold. For det første er det uvist, hvor meget Kina når at tilpasse sig den aktuelle verdensordens krav og dermed ændre sig, inden en ny situation bliver aktuel. For det andet er det uvist, om den aktuelle verdensorden varer så længe, at USA vælger at trække sig ind i selv i en periode herefter, så der ikke opstår en ny bipolaritet men i stedet en ny multipolaritet. For det tredje vil en bipolaritet, der fungerer som under den kolde krig kræve, at Kinas kernevåbenkapacitet forøges til en andetslagsevne.

[8] Samt formodentlig også bygger på en anden kulturel opfattelse – konfuciansk – af selve begrebet (Fingar 2012).

og at der vil opstå stedfortræderkonflikter som under den kolde krig.

Efter en serie allianceskift vil der dannes to lejre, men ikke nødvendigvis så distinkte som under den kolde krig. Dette vil afhænge af, om Kina tilbyder et egentligt verdensordensprojekt, eller nøjes med at gå efter sine materielle interesser.

Skulle Kina med tiden komme til at matche USA, vil en sådan verdensorden utvivlsom blive meget anderledes.

Indtil videre ser det dog ud til, at en kinesisk verdensorden ikke ligger lige om hjørnet. Kina mangler stadig meget for at kunne matche USA som supermagt, jf. de nævnte kriterier. Kina står også over for store udfordringer – hvad sker der f.eks. med den politiske sammenhængskraft i takt med moderniseringen og den forbedrede økonomi? Kina og Rusland har store interesser i, at den amerikanske verdensorden ikke breder sig yderligere og kan kaste grus i maskineriet, men hidtil har de ikke haft mulighed for at tilbyde et alternativ.

Henvisninger

Altman, R. E. (2009): "Further geopolitical consequences of the Financial Crisis": *Foreign Affairs*, July-August: 2-14.

Brett, Julian Elgaard (2002): *Far from Business as Usual. United Nations' Responses to International Terrorism*. København: DUPI.

Fingar, Thomas (2012): 'China's Vision of World Order. The National Bureau of Asian Research. *Strategic Asia 2012-13*: China's Military Challenge, October 2012.

http://www.nbr.org/publications/element.aspx?id=624

Haass, Richard N. (2008): "The Age of Nonpolarity. What Will Follow U.S. Dominance?". *Foreign Affairs*, 87: 3, May/June 2008, 44-56.

Hansen, Birthe (2011): *Unipolarity and World Politics*. London/New York: Routledge.

Hansen, Birthe (2003): *Overmagt*. København: Gyldendal.

Hansen, Birthe (2000): *Unipolarity and the Middle East*. Richmond: Curzon.

Heurlin, Bertel (1990): 'Sovjetunionens frivillige kapitulation. Afslutningen på den kolde krig tolket i clausewitzske krigstermer', i Morten Kelstrup: *Nyere tendenser i politologien. Bidrag til studiet af international politik og den nye europæiske udvikling*. København: Institut for Samfundsfag og Forvaltning, pp.71-100.

Ikenberry, G. John (2012): *Liberal Leviathan: The Origins, Crisis, and Transformation of the American World Order*. Princeton: Princeton University Press.

Jackson, William P. (2015): 'The Obama Doctrine'. *Speciale*, Institut for Statskundskab, Københavns Universitet.

Jensen, Carsten (2014): 'Det russisk/kinesiske forår? Den syriske borgerkrig og den nye verdensorden'. I Lars Cramer-Larsen og Carsten Jensen (red.): *Borgerkrigen i Syrien – historisk, politisk, militært*. København: Forsvaret, pp. 108-119.

Jisi, Wang (2011): "China's Search for a Grand Strategy. A Rising Great Power Finds Its Way". *Foreign Affairs*, March/April 2011.

Kagan, Robert (2008): *The Return of History and the End of Dreams*. New York: Alfred A. Knopf.

Krauthammer, Charles (1991): 'The Unipolar Moment.' *Foreign Affairs* Vol. 70, no. 1: 23-33.

Kupchan, Charles A. (2012): *No One's World. The West, the Rising Rest, and the Coming Global Turn*. Oxford University Press.

Layne, Christopher (1993): "The Unipolar Illusion: Why New Great Powers Will Rise". I M. E. Brown, S. M. Lynn-Jones og S. E. Miller (red) (1995): *The Perils of Anarchy - Contemporary Realism and International Security*. Cambridge and Massachusetts: MIT Press: pp. 130-176.

Lorenz, Jesse (2003): 'The Coalition of the Willing'.

http://web.stanford.edu/class/e297a/The%20Coaliti on%20of%20the%20Willing.htm

Monteiro, Nuno (2012): "Unrest Assured: Why Unipolarity is not Peaceful". *International Security* 36:3, Winter 2011/12, pp. 9-40.

Mouritzen, Hans, og Anders Wivel (2012): *Explaining Foreign Policy. International Diplomacy and the Russo-Georgian War*. Boulder: Lynne Rienner Publishers.

Oest, Kajsa Ji Noe (2009): *Not Bound To Follow? Patterns of allied Cooperation on the Formation of Ad Hoc Coalitions*. PhD-afhandling, Institut for Statskundskab, Københavns Universitet, 2009/2.

Todd, E. (2003): *After the Empire: The Breakdown of the American Order*. New York: Columbia University Press.

Toft, P. (2006): The Way of the Vanquished: Fallen Great Powers and Responses to Collapse 1815-2004', PhD-afhandling, Institut for Statskundskab, Københavns Universitet.

Wohlforth, William (1999): "The Stability of a Unipolar World". *International Security*, Vol. 21, No.1, Summer 1999), pp. 24, 26.

Waltz, Kenneth W. (1979): *Theory of International Politics*. New York: Random House.

Neorealismen og det arabiske forår[9]

Neorealismen er en system-strukturel teori, der peger på væsentlige dynamikker i det internationale system. En af disse er tesen om socialisering og staternes tilpasning til de aktuelle konkurrencevilkår. Socialiseringstesen forudså og forklarer, at demokratisering også kom til den arabiske verden

Selv om den neorealistiske teori ofte forbindes med analyser af krig og konflikt, indeholder den også centrale pointer om socialisering i det internationale system. Stater vil være nødt til tilpasse sig for at kunne følge med i konkurrencen og dermed tilgodese deres sikkerhed. En af de centrale markører for socialisering i tiden efter den kolde krigs afslutning har været demokrati. Der kan derfor opstilles en forventning om, at demokratisering vil brede sig – selv om dette sker i forskelligt tempo, alt efter hvilke stater, det drejer sig om.

Dermed var det arabiske forår en forventelig udvikling med et neorealistisk perspektiv, der lægger vægt på unipolaritet (jf. hypotese opstillet af Hansen og Jensen (2006)). Da der på forhånd var opstillet en hypotese, synes tilgangen at være relevant i forklaringer af udviklingen i den arabiske verden 2011, hvilket ydermere støttes af, at andre tilgange ikke forventede denne udvikling. Socialiseringstesen

---

[9] Teksten blev oprindeligt udgivet i Liv Andersson m.fl., red. (2012) *IP i praksis*. København, Jurist- og økonomforbundets Forlag.

indebærer dermed, at stater tilpasser de centrale konkurrencevilkår i længden – herunder demokratisering under den aktuelle unipolaritet.

Mellemøsten er en interessant case for en neorealistisk påstand om, at demokratisering ville brede sig også hertil, da regionen længe havde forekommet robust i forhold til opretholdelsen af autoritære styrer. Mellemøsten fik ikke umiddelbart del i den demokratibølge[10], der fulgte afslutningen Den Kolde Krig, og som ellers slog igennem i både Østeuropa, dele af Afrika og Latinamerika. I stedet fastholdt en lang række autoritære regimer deres greb om magten, og regionen kunne beskrives med dystre formuleringer som 'demokratisk underskud' og 'økonomisk underpræstation'. Denne situation blev blandt andet forklaret med henvisning til religion, kolonial fortid og kultur, og på den baggrund kom udviklingen i 2011, hvor oprør bredte sig og tre arabiske regimer faldt, som en overraskelse. Der blev udviklet teorier om intern udvikling (*sui generis*) for at forklare, hvorfor Mellemøsten var en undtagelse og dermed ikke kunne gøres til genstand for generelle forklaringer som neorealismen. Det arabiske forår forstås som den bølge af politiske udviklinger, der fandt sted fra de tunesiske opstande i begyndelsen af 2011 til Tripolis – og Gaddafi-styrets fald – i august samme år.

Hensigten her er at give en neorealistisk baseret forklaring på, at Mellemøsten alligevel er blevet

---

[10] Om demokrati i bølger, se Huntington 1991.

genstand for demokratisering[11]. Udgangspunktet er Kenneth Waltz' forestilling om socialisering (Waltz 1979), hvor det antages, at stater vil tilpasse sig de givne konkurrencevilkår i selvhjælpssystemet – frivilligt eller gennem tvang. Hertil kommer Hansens model for unipolaritet[12], der understreger verdensordenens særstilling i international situation med kun én supermagt (Hansen 2011). Verdensorden forstås som kombinationen af enesupermagtens styrkeposition og politiske projekt, der i USA's tilfælde omfatter demokrati (*Ibid.*).

Demokratisering i Mellemøsten er interessant at 'udsætte' for et neorealistisk perspektiv af to grunde. For det første, fordi perspektivet betoner betydningen af ydre faktorer, der i andre tilgange nærmest af fraværende i studiet af regionens politiske styreformer. For det andet, fordi andre tilgange ikke har kunnet forudsige en udvikling mod demokratisering som i det arabiske forår.

I det følgende gives 1) en fremstilling af socialiseringstesen og dens teoretiske baggrund, herunder hvordan demokrati indgår i den aktuelle, unipolære

---

[11] Kapitlet er skrevet på baggrund af en undersøgelse gennemført sammen med Carsten Jensen. For en detaljeret fremstilling, se Hansen og Jensen (2012).

[12] Unipolaritetsmodellen er baseret på Waltz's neorealisme, men hverken i sit hovedværk fra 1979 eller senere har Waltz udarbejdet en model for netop unipolaritet, selv om han efterhånden begyndte at skrive om træk ved denne situation – som han opfatter som en overgangssituation. Der er således ikke tale om en teorisammenlægning, men brug af en teori plus videreudvikling på et område.

verdensorden, 2) derefter vises, hvordan demokratisering har udviklet sig i Mellemøsten og dermed afprøves tesens beskaffenhed, 3) dernæst diskuteres klangbunden for det strukturelle pres i forhold til forskellige statstypers (tilsyneladende) robusthed, og 4) endelig konkluderes der på socialiseringstesens forklaringskraft og perspektiveres i forhold til demokratisering fremover – i realpolitik og forskning.

Neorealismens rækkevidde og udvikling

Neorealismen bygger på en række klassiske, realpolitiske antagelser, hvoraf den vigtigste er, at stater ønsker at overleve, men tilfører disse et strukturbegreb. Strukturbegrebet er baseret på tre elementer: fravær af et internationalt voldsmonopol (anarkisk organisering), at staterne er ensartede i den forstand, at de må sørge for egen sikkerhed (selvhjælpsvilkåret), og at antallet af supermagterne er afgørende for varians i dynamikkerne i systemet (polariteten er afgørende). Tilsammen fungerer disse elementer som en slags usynlig hånd, der lokker eller presser stater til visse handlingsmønstre (frem for andre) for at kunne overleve og varetage deres sikkerhed. En central konsekvens er, at balancering som oftest vælges: intuitivt set skulle man tro, at stater ville slutte sig til den stærkeste stat for at maksimere magt, men ifølge neorealismen er den stærkeste også den største trussel, så i stedet vil stater være tilbøjelige til at balancere. En anden central konsekvens er, at de socialiseres til de givne konkurrencevilkår, da de ellers sætter deres overlevelse på spil. De fleste vil vælge at imitere de succes-fulde stater (aktuelt set enesupermagten), mens nogle presses (evt. ved tvang) eller bukker under (Waltz, 1979).

En anden konsekvens, fordi "[b]ehaviors are select-ed for their consequences" (p. 76), er, at "thus the units that survive come to look like one another" (p. 77). Hvis demokratisering bidrager til succesfuld adfærd, vil enhederne tendere mod ensartethed også her.

Der er således tale om en strukturel teori, der til-lægger træk ved og dynamikker i det internationale system en selekterende effekt i forhold til udfald (hændelser) heri. Waltz konstruerede sin teori for at kunne analysere sikkerhedspolitiske udfald i en kompleks materiel verden, hvor begreber og deres indbyrdes sammenhæng skal gøre det muligt at prioritere, vælge de vigtigste faktorer, og se de store linjer.

Dermed er neorealismen god til at genere hypote-ser, skabe overblik og at kunne sige 'hvad var vig-tigst'. Den er mindre god til at beskrive kompleksitet eller til at give udtømmende forklaringer på enkelte hændelser[13]. Ligeledes er den ikke beregnet til at

---

[13] F.eks. kan neorealismen forklare spørgsmål som 'hvor-for opstår der ind i mellem krige', og 'hvorfor kom der demokratisering i den arabiske verden', men den kan ikke give den fulde forklaring på, at Irak i 1980 invaderede Iran, eller på de konkrete omstændigheder ved, at den egyptiske præsident Mubarak blev afsat i februar 2011 (hvor den konkrete baggrund også rummede socio-

analysere individuelle staters konkrete beslutninger eller give fuld besked om begivenheder og processer i verdenspolitikken. Disse kan dog med fordel ses i lyset af de rammer, som følger af Waltz's teoretiske forestillinger.

Waltz's neorealisme har qua sin store udbredelse naturligt nok været genstand for både kritik og udvikling. Den kritik, der har medført udvikling, har blandt omfattet teoriens rækkevidde især med henblik på udenrigspolitik og unipolaritet.

Mange har ønsket, at en så kraftfuld og generel teori også skulle kunne sige noget om udenrigspolitik, hvilket Waltz i sit hovedværk advarede imod. Ifølge Waltz retter neorealismen sig mod gentagne udfald i verdenspolitikken på baggrund af de systemudledte dynamikker, hvorimod udenrigspolitiske beslutninger er et produkt af staters unikke baggrund og indenrigspolitiske variable, der komplekse faktorer med udgangspunkt i enhedsniveauet.

Dette har fået en række forfattere til at udvikle teorien ud fra idéen om, at den systemisk-strukturelle påvirkning er et vilkår for alle stater, men at disse reagerer forskelligt (se Wivel 2002). Ingen af staterne kan 'melde sig ud' af systemet og er dermed underlagt påvirkningen, hvorfor den bør tages i betragtning også i analysen af deres udenrigspolitik. Deres forskellige reaktion på den ydre påvirkning kan der derefter teoretiseres over, enten med udgangspunkt i indre forhold som hos de såkaldte neo-

---

økonomiske, demografi-baserede, samt ledelsesmæssige problemer).

klassiske realister (som Rose 1998), eller i tværgående forhold som hos de såkaldte postklassiske realister (som Brooks 1997).

Udenrigspolitik er ikke temaet her, men forestillingen om, at effekten af system-strukturelle faktorer modtages forskelligt, er almen og anvendes også nedenfor.

Et andet område, der har ført til videreudvikling af neorealismen, er den aktuelle relative styrkefordeling, unipolariteten. Waltz behandler ikke selv unipolaritet i sit hovedværk, og han har i tiden efter koldkrigsafslutningen været meget tilbageholdende i forhold til begrebet og i stedet argumenteret for, at verden var på vej mod multipolaritet.

Også her har andre forfattere forsøgt at udvikle neorealismen. En egentlig model for unipolaritet er udviklet af Hansen (2000; 2011). Der var tre grunde til udviklingen heraf: for det første en påstand om, den unipolære kapabilitetsdistribution har varet i lang tid og ikke kun er at betragte som en overgangssituation som i Waltz' optik. For det andet, at verdenspolitikken efter 1989 har været turbulent og fortjener forklaring, der ikke kan gives på den hidtidige baggrund. For det tredje en teoriintern grund i form af argumenter om, at unipolaritet har distinkte og selvstændige dynamikker.

Unipolaritetsmodellen trækker i stort omfang på Waltz's neorealisme, herunder socialiseringstesen om, at staterne vil være tilbøjelige til tilpasse sig de givne konkurrencevilkår. Tesen sættes imidlertid i kontekst af de unipolære dynamikker, der medfører, at socialiseringen udfolder sig under særlige forhold.

Nedenfor er Waltz's neorealisme i form af den videreudviklede unipolaritetsmodel brugt i forhold til det arabiske forår.

Dels er det en fordel at bruge eksisterende og generel teori til forklaring, hvis disse synes at rumme potentialer, dels var det en på forhånd opstillet forventning[14], at demokratisering også ville holde indtog i den arabiske verden (Hansen og Jensen, 2006). Endelig er tilpasning til konkurrencevilkårene, dvs. socialisering, en væsentlig om end overset dimension af Waltz' neorealisme.

Socialisering og verdensorden

I et anarkisk selvhjælpssystem må enhederne (staterne) tilpasse sig konkurrencevilkårene. De fleste stater vil tilpasse sig frivilligt gennem imitation af de mest succesfulde, hvilket vil sige systemets stormagter. Hvis ikke, risikerer de at sagte agterud, få sikkerhedsproblemer, gå til grunde, eller at blive socialiseret ved hjælp af tvang.

---

[14] Ifølge Waltz er teorier ikke 'sande' eller falske', men nyttige eller utilstrækkelige, og vejen frem er at opstille hypoteser på baggrund af teorien og derefter teste hypotesen. Desuden er hypoteser et redskab i forhold til teoriens forudsigelseskraft, der bør være der − om end i en generel form (Waltz, 1979: 74-76 og 127-28).

I praksis vil dette sige, at for at vedligeholde sine kapabiliteter er en stat nødt til at indrette sin politik og økonomi efter de stores forbillede, og ved at følge de internationale spilleregler.

Under unipolaritet får socialiseringsperspektivet en helt særlig drejning: der er kun et enkelt stort forbillede, nemlig enesupermagten. Det er også den, der har de bedste muligheder for at sprede sit budskab og sætte dagsordenen på grund af sine ressourcer. Dermed bliver konkurrencevilkårene komparativt set præget af enesupermagten i et uset omfang (Hansen 2011).

Man kan sammenfatte forbillede og spilleregler i begrebet 'verdensorden' (Hansen 2011). Især under unipolaritet formodes verdensordenen at være effektfuld, da der kun er én. Under bipolaritet, med to antagonistiske verdensordener er der to tilbud, de øvrige stater principielt kan vælge imellem[15], men til gengæld er disse verdensordener lukkede; eksklusive om man vil. Under multipolaritet er der adskillige verdensordener på banen, men på grund af alliancelabilitet under multipolaritet vil disse tendere mod at være udvandede og tilbagetrukne (sst.). Under unipolaritet har verdensordenen gode muligheder for at sprede sig, baggrund for at være eksplicit, og en tilbøjelighed til at være åben/inklusiv: enesupermagten skal lede mange slags stater.

---

[15] Se Heurlin om supermagternes rivalisering under Den Kolde Krig, der tenderede mod at blive antagonistisk på alle dimensioner (Heurlin 1990).

De retningslinjer, der præger en given verdensorden, vil være præget af den/de stores politiske projekter. Den aktuelle orden er dermed præget af USA's politiske projekt, hvor markedsøkonomi, demokrati og individuelle rettigheder er fremherskende temaer.

De stater, der har svært ved at konkurrere på vilkår, der er præget heraf, risikerer dermed at klare sig dårligt i den internationale konkurrence.

I Mellemøsten var mange (især arabiske) stater meget dårligt rustet til at klare konkurrencevilkårene i den aktuelle verdensorden (Henry and Springborg 2001; 2010), og et af udtrykkene var deres demokratiske underskud. Deres generelle svækkelse gjorde dem dermed i stigende grad sårbare over for både indre og ydre pres.

Ud fra unipolaritetsmodellen kunne man på den baggrund opstille den hypotese, at de arabiske stater i længden ikke kunne modstå presset om demokratisering, og at dette pres ville stå over specifikke indrepolitiske faktorer som islam, kultur og kolonial arv. Den generelle forventning er, at så længe den amerikanske unipolaritet er operativ, vil demokratisering brede sig, om end i uens tempo[16].

---

[16] Socialiseringstesen adskiller sig markant fra Francis Fukuyamas forestilling om, at der efter Den Kolde Krigs afslutning ikke var alternativer til det liberale demokrati, der derfor ville blive udbredt, og at stridigheder ville kunne løses inden for en reguleret ramme (Fukuyama 1992) . Til forskel herfra ses unipolariteten som et 'vindue' på en slagmark – med en retning. Selv om demokratisering

En sådan forklaring på udviklingen i Mellemøsten vil derfor adskille sig fra andre teser på det teoretiske marked, der har peget på, at den arabiske verden ville vedblive med at være autoritært regeret.

Som nævnt ville presset på regimerne primært være strukturelt – kravet om socialisering/tilpasning for at kunne hænge på, og for at undgå ydre og indre svækkelse. I lyset af enesupermagtens position kan man tilføje, at dette pres kan forstærkes af enesupermagtens politik, når USA er ovenpå og satser på at bruge sine ressourcer internationalt. Omvendt vil presset være mindre stærkt, når USA balancerer indad eller har mere presserende problemer at håndtere. Nødvendigheden af at tilpasse sig verdensordenen vil imidlertid være der hele tiden.

Forventningen i praksis

En undersøgelse af, hvorvidt hypotesen kan siges at være indfriet, er her gennemført ved hjælp af tre trin:

Det *første* trin i analysen vil være at gå diakront komparativt til værks og spørge, om der har været mere demokratisering[17] i den arabiske verden efter

---

breder sig, er der stadig lande, der står for demokratiseringsmodstand; f.eks. Kina og Rusland. Under det syriske magtopgør nedlagde Kina og Rusland da også veto i Sikkerhedsrådet fordømmelse af Asad-styrets brutale drab på demonstranter.

[17] Her er anvendt en demokratiserings-opfattelse jf. Hansen og Jensen (2012). Litteraturen om demokratisering,

koldkrigsafslutningen end før. Samt om, hvorvidt igangsættelsen har været mere omfattende i tilfælde af amerikansk pres.

Det *andet* trin er at se klangbunden for det strukturelle pres – dvs., hvorfor de arabiske stater har reageret på forskellig vis.

Det *tredje* trin er at vurdere, hvordan socialiseringstesen klarede det arabiske forår i forhold til andre teser.

På den måde vil man få svar på, om hypotesen holdt stik (og dermed, om det kan betale sig at anvende socialiseringstesen i et unipolært perspektiv fremover), og få en generel forklaring på, hvorfor demokratisering også kom til den arabiske verden, der ellers syntes at være den mest resistente i forhold hertil.

Til gengæld vil det også fremgå, at neorealismen ikke kan give svar på, præcist hvordan og hvornår konkrete udviklinger fandt sted, eller hvordan processen vil forløbe efter igangsættelsen.

Det arabiske forår og den foregående proces

I vinteren 2010/11 udviklede der sig for alvor[18] demonstrationer og oprør i Mellemøsten. Det startede

---

demokrati og forskellige typer heraf er omfattende: se Møller og Skaaning (2010) for en oversigt.

[18] I Iran var der allerede demonstrationer i sommeren 2009, men de blev afvist af styret.

44

i Tunesien og bredte sig hurtigt til Egypten og Libyen, og derefter til en række andre arabiske lande. De tre nævnte oplevede imidlertid, at de folkelige protester førte til ledernes fald og demokratisering – i Libyens tilfælde med international støtte.

De tre stater var dog ikke de første, der oplevede demokratisering efter afslutningen på Den Kolde Krig. Den hidtil største demokratiseringsbølge fandt sted i forbindelse med koldkrigsafslutningen, men fandt primært sted i det østlige Europa, Latinamerika og dele af Afrika. I den arabiske verden var der ansatser til protester, men de blev hurtigt afvist af regimerne.

De første demokratiseringer i Mellemøsten fandt sted i Afghanistan[19] og Irak. Her var der ikke tale om folkelige oprør, men om tvangsdemokratisering, der blev påført i forbindelse med to amerikansk-ledede invasioner. Efter 9/11 lancerede USA en sikkerhedsstrategi, der var baseret på demokratisering, og satte dermed demokrati på dagsordenen i en region, hvor de ydre krav hidtil havde handlet om stabilitet.

I årene efter invasionerne lagde USA et aktivt pres på arabiske regimer om reformer og demokratisering, og dette førte dels til en række mindre top-down-tiltag[20], dels til at en række folkelige grupper

---

[19] Stormellemøsten er oprindeligt en amerikansk betegnelse, der omfatter landene fra Marokko til Pakistan, og som har udgangspunkt i disses politiske fællestræk og udfordringer.

[20] F.eks. tillod Hosni Mubarak opstilling af modkandidater til præsidentvalget i Egypten i 2005 (opstillingen var dog

fik mod på at kræve reformer[21]. I takt med at magtopgøret i Irak udviklede sig blodigt, mistede de folkelig grupper modet og holdt sig tilbage, og regimerne slappede af: USA var stærkt engageret i at håndtere udviklingerne i Irak og – senere – Afghanistan, og havde dermed mindre overskud til og interesse i at presse de øvrige regimer.

Efter 'the surge' i 2008 (forstærket amerikansk indsats og ny strategi) stilnede magtopgøret i Irak af, og nye vinde begyndte at blæse i regionen igen.

Det amerikanske pres i regionen var størst i årene efter 9/11, dvs. efter 2001. Det var her, at demokratisering blev en sikkerhedsstrategi og kom på dagsordenen.

Trin 1

Den første forudsætning for, om hypotesen holdt stik, er, om der var blevet igangsat mere demokratisering efter koldkrigsafslutningen før. Figur 1 viser udviklingen:

---

ikke særlig fri); Marokko liberaliserede familielovgivningen i 2005; og Kuwaits kvinder fik stemmeret i 2005.
[21] Dette gjaldt især Egypten, men selv i Syrien var der intellektuelle, der kom med forsigtige budskaber. I Libanon førte folkelige demonstrationer ('Cedarrevolutionen') til, at Syrien trak sin styrker ud af landet i april 2005.

46

Figur 1: Demokratisering før/efter 1989 og før/efter det arabiske forår

Landety- per	1 9 8 8	2 0 1 0	2 0 1 1
Demokra- tiserede	2	4	4
Demokra- tiserende	2	3	6
Udfor- drede	0	0	3
Kontrolle- rede au- toritære stater	1 7	1 5	9

Fra Hansen og Jensen (2012).

Figuren viser, at der er tale om en markant bevægelse. Hvor der i 1988 var to demokratier, er der i 2012 seks, og samtidig er tallet af konsolideret autoritære stater faldet fra 17 til 9.

Den diakrone komparation af forholdet mellem demokratisering og kontrolleret autoritære stater i regionen har ændret sig markant og i overensstemmelse med forventningen og tiltagende demokratisering.

I sig selv kunne dette være et tilfælde, men støtten til socialiseringstesen forstærkes af, at andre tilgange *ikke* stillede forventning om demokratisering, men satsede på at forklare demokratiseringens *fravær* (f.eks. Diamond 2010).

Trin 2

Det næste skridt vedrører spørgsmålet om, hvorfor demokratiseringen ikke foregik mere jævnt i Mellemøsten. De to første demokratiseringer efter koldkrigsafslutningen var i Afghanistan og Irak. De var påtvungne efter Taleban-styrets og Saddam Husseins styrets fald i forbindelse med militære nederlag. Afghanistans demokratisering blev forhandlet på Bonn-konferencen i december 2001, hvor der var international deltagelse og enighed om demokratisering som led i genopbygningen. I Iraks tilfælde var der tale om, at USA, senere med international støtte, præsenterede betingelserne for rekonstruktionen af det irakiske, politiske system, der blev forhandlet igennem i Irak under amerikansk besættelse, men med irakiske deltagelse.

Initiativer nedefra kom først for alvor fra start i vinteren 2010/11. Her førte demonstrationer og oprør til, at Ben Ali-styret i Tunesien faldt, derefter Mubarak-styret i Egypten, og endelig Gaddafi-styret i Libyen. Alle steder blev der iværksat forberedelse af demokratiske valg, der foreløbigt er blevet afholdt i Egypten og Tunesien. En række afviklinger af tidligere autoritære kontrolmekanismer er desuden blevet gennemført, mest markant en ophævelse af undtagelsestilstanden i Egypten tidligt i 2012.

I de tre cases var demonstrationer og oprør prægede af krav om reformer og 'demokrati': I Tunesien var der vægt på slogans mod arbejdsløshed og for politiske reformer og demokrati. I Egypten blev der fremsat krav om Mubaraks afgang og om demokrati. I Libyen var der krav om 'befrielse' (fra Gaddafistyret), menneskerettigheder og demokrati.

På samme måde var der i alle tre cases tale om imødekommelse, der også var præget af 'demokrati': I Tunesien blev der lovet valg, og at 'tavlen skulle vaskes ren'. I Egypten lovede militærrådet konstitutionelle reformer og valg. I Libyen lovede NTC overgang til demokrati og indførelse af 'rule of law'. Sådanne imødekommelser kunne meget vel være af kosmetisk karakter og dække over, at magthaverne ved hjælp af pæne ord prøvede at opretholde status quo, som det ofte tidligere er set i den arabiske verden. Men 'the proof is in the pudding': der blev afholdt frie valg i Tunesien og Egypten, og i Libyen blev der iværksat forberedende tiltag. Det kan indvendes, at intet er sikkert, før der har været afholdt to frie valg (jf. Samuel Huntingtons tommelfingerregel), og at demokratisering ofte rammes af tilbageslag. Den hidtidige udvikling har imidlertid som minimum vist en bevægelse i form af demokratisering målt i forhold til den foregående situation i case-landene.

Som nævnt siger socialiseringstesen, at staterne over tid vil tilpasse sig på ene eller den anden måde. Nogle vil stritte imod, men alligevel risikerer de 'tilpasning' og socialisering, måske gennem tvang, som det var tilfældet i f.eks. Irak. Under det arabiske forår kom tilpasningen på dagsordenen 'nedefra', men i Egypten og Tunesien var det militæret, der endte med at støtte demonstranterne og ofre de hidtidige ledere, og i Libyen var det en international koalition, der første til Gaddafi-styrets fald. Socialisering tager mange former fra inspiration af befolkningsgrupper og cost-benefit-overvejelser hos officerskorps til ekstern fjernelse af regimer og statskollaps. Og nogle steder er der og vil komme modstand. Pointen er, at så længe, den aktuelle verdensorden er operativ, vil tendensen være fortsat demokratisering.

For at få en mere omfattende forklaring på, hvorfor demokratiseringen ikke foregik mere jævnt i Mellemøsten, kan man dog ikke nøjes med at bruge den neorealistiske unipolaritetsmodel, da spørgsmålet drejer sig om, hvordan konkrete enheder har reageret på presset fra den unipolære verdensorden.

Spørgsmålet er alligevel taget med af tre grunde: for det første for at kunne sige, hvor en neorealistisk forklaring kan komme til – og stopper. For det andet for at sige, at man med udgangspunkt i neorealismen godt kan opstille en hypotese om svaret – det skal blot gives med andre midler. Og for det tredje for ikke at lade historien om det arabiske forår slutte for brat, da dette givetvis er en lang proces – og regionen er stadig langt fra at være demokratiseret.

Demokratisering kan komme af andre grunde end ydre pres fra den aktuelle verdensorden, og i regionen er dette tidligere sket i Israel, Tyrkiet og, i et vist omfang, Libanon. Her har demokratisering udviklet sig enten indefra eller gennem tilknytning til den vestlige lejr under bipolariteten.

I undersøgelsen af, hvilke stater, der er dårligst rustet til at tilpasse sig verdensordenen, kan man supplere med andre forskningsbidrag, der har fokuseret på statstyper og disses karakteristika. Clement Henry og Robert Springborg har beskæftiget sig med, hvorfor en lang række arabiske stater har underpræsteret i den aktuelle verdensorden og ud fra økonomisk og institutionel organisering opdelt disse i forskellige statstyper (Henry and Springborg 2001; 2011).

De mest interessante statstyper i denne sammenhæng er de prætorianske stater, som Henry og Springborg underopdeler i 'bully' stater og 'bunker'-stater. Begge typer er autoritære, men i de bully-staterne har institutioner en vis selvstændighed i forhold til styret, styret er ikke baseret på en klar social basis (som f.eks. en bestemt etnisk eller religiøs minoritet), og der har trods styrets autoritære karakter været en om end begrænset mulighed for informationsflow og politisk virke i staten. Eksempler herpå er Egypten og Tunesien. Bunker-staterne er til gengæld prægede af, at institutionerne (herunder militæret) har været underlagt styret, at dette har baseret sig på en klar basis, og mulighederne for information og politiske virke har været overordentligt begrænsede (repressionen har været særlig omfattende).[22] Eksempler herpå er Saddam Husseins Irak, Gaddafis Libyen og Asads Syrien. Bully-stater må således forventes lettere at kunne omstille sig, i og med, at der er bedre betingelser for at protestere, og styrerne vil være mere tilbageholdende i for-

---

[22] Her fokuseres på den politiske dimension, men en lignende forskel gør sig gældende på økonomiske.

hold til at slå oprør ned end i bunker-stater. Her er oprør svære at få i gang, og styrerne vil gøre meget for at slå dem ned, da en tilnærmelse til verdensordenen vil indebære deres egen undergang.

Som udviklingen er foregået, har det da også vist sig, at oprør har haft vanskeligere betingelser i bunker-stater end i bully-staterne, og at styrerne i bunkerstater har anvendt hårdere midler for at slå oprørene ned. Ligeledes har det vist sig, at militæret i Tunesien og Egypten i 2011 fandt anledning til at skille sig af med de konkrete styrer, mens dette ikke var tilfældet i Irak i 2003 og Syrien i 2011.

Hermed er naturligvis ikke givet en udtømmende forklaring på det arabiske forårs udvikling, men der er givet et eksempel på, hvor neorealistiske modellers forklaringskraft stopper, og hvordan man derefter kan opstille hypoteser og tage andre midler i brug. Atter andre midler må inddrages, hvis processens udvikling, herunder demokratiske tilbageslag, islamisme eller konsolidering, skal undersøges.

Trin 3

Efter trin 1 og 2 kan det del-konkluderes, at socialiseringstesen indtil videre er blevet indfriet på baggrund af, at der kan konstateres en vækst i demokratiserende stater i den arabiske verden. Neorealismen kan bruges til at afgrænse udfaldsrum, hvor de mest sandsynlige udfald i forhold til andre udpeges. Socialiseringstesen pegede på, at demokratisering vil være det sandsynlige udfald under den aktuelle unipolaritet for de fleste stater. Tempo og form vil dog variere i på bagrund af klangunden. I og med, at demokratisering kom til selv den arabiske verden, har tesen imidlertid fået 'kritisk' støtte. Et tredje trin i vurderingen af socialiseringstesen validitet og nytte er derefter at spørge, hvordan den klarede sig i forhold til andre teser om demokratisering i Mellemøsten.

Langt fra alle teoretisk baserede tilgange giver sig af med 'forklaring og forudsigelse', men i forhold til emnet demokratisering og Mellemøsten, har der været flere forsøg.

Umiddelbart efter koldkrigsafslutningen var der forventning om, at Mellemøsten ville blive genstand for samme udvikling som Østeuropa, og at de arabiske civilsamfund ville rejse sig mod styrerne og afsætte disse (Hudson 1991; Norton 1995). Denne 'oprørstese' blev dog ikke indfriet: oprørerne udeblev eller hurtigt afvist. I forbindelse med det arabiske forår var civilsamfundene på banen og forrest i demonstrationer og oprør. Det var imidlertid militæret i Egypten og Syrien, der afsatte styrerne og planlagde valg, og i Libyen var det krydsermissiler og F16-fly, der banede vejen for styrets fald.

De demokratiseringen lod vente på sig, begyndte andre at forklare den fastlåste situation i regionen. Samuel Huntingtons 'blokeringstese' forklarede den fastlåste situation med den islamiske civilisation og så islam og den regionale kultur som en forhindring for udvikling af demokrati (Huntington 1993). Denne tese viste sig også at være af begrænset nytte i lyset af såvel initiativer efter Irak-krigen som af det arabiske forår.

Ud fra en bredere baseret tilgang, den postdemokratiske, lægges stor vægt på, at demokratiseringstiltag i den arabiske verden primært er af kosmetisk karakter og har til hensigt at sikre styrets overlevelse (Valbjørn, 2010; Valbjørn and Bank, 2010). Kosmetik-tesen synes til fulde at dække de ledende aktørers hidtidige praksis, men tesen retter sig mod en forståelse af aktørernes politik. Deres tiltag udfordres af ydre påvirkning, og 'kosmetiktesen' kan derfor med fordel indsættes i en ramme, hvor også ydre påvirkning indgår.

Disse teser retter sig mod Mellemøsten og sigter på at forklare det særlige ved Mellemøsten. Den klassiske demokratiseringslitteratur er mere generel, men lægger i høj grad vægt på indre faktorer. Socialiseringstesen er også generel, men vægter ydre faktorer – og i hvert fald i forhold til Mellemøsten under unipolariteten, har den vist sig at være nyttig.

Konklusion: det demokratiske vindue

Ud fra de ovenstående betragtninger kan man konkludere, at socialisering til den aktuelle verdensorden er et stærkt imperativ. Selv de autoritære regimer i den arabiske verden ikke har kunnet undslippe det, hvilket ellers var forventet i alternative hypoteser herom.

Demokratisering og demokrati er som nævnt meget forskellige fænomener. Der er langt vej mellem dem, og når processen er sat i gang, er den i hænderne på konkrete aktører, det vil sige uden for neorealismens rækkevidde.

Mellemøsten er en på mange måder særlig case, da regionen på grund af sit demokratiske underskud har fået en særstilling i litteraturen. At socialiseringen slår igennem også her, tjener derfor i særlig grad som støtte til tesen.

At demokratiseringen kom så sent i gang – i modsætning til f.eks. forandringerne i det østlige Europa, kan ikke forklares med tesen eller neorealisme i det hele taget. Her skal som nævnt inddrages faktorer fra enhedsniveauet, der retter sig mod 'modtagelsen af pres fra verdensordenen'. Så også når det gælder 'socialisering' er neorealismen en teori, der retter sig mod de store spørgsmål à la 'slår den igennem eller gør den ikke'.

Der var i Mellemøsten tale om både demokratisering ved tvang og i form af imitation, og der var tale om tilpasning til pres såvel som direkte supermagtsengagement. I den afghanske og den irakiske case var der tale om direkte supermagtsindgreb med militær magt og tvang. I tiden herefter var demokrati dels kommet på dagsordenen i regionen, og der var amerikansk politisk pres. I årene 2005-08 blev dette pres betydeligt formindsket, og efterfølgende var det tilpasning og imitation, der var fremherskende. I Tunesien og Egypten både fra demonstranter og militær, der ikke begge tilfælde satsede på en vis tilpasning og undsagde de autoritære ledere. I Libyen var det fra oprørernes side, mens Gaddafi-styret fastholdt sin afvisning af verdensordenen på den

politiske dimension, hvilket medførte militær inter-
vention.

De stater, der var mindst tilbøjelige til at tilpasse sig,
var bunkerstaterne, hvor styre og militær er/var
nært forbundne, og hvor styrerne havde gjort brug
af meget brutale metoder for at sikre sig selv og
deres sociale basis. De stater, der komparativt set
lettest har kunnet tilpasse sig, har været bully-
staterne, hvor militæret og bureaukratiet har haft en
vis uafhængighed.

Mellemøsten er i opbrud. Der er stadig et demokra-
tisk underskud i regionen efter det arabiske forår,
der er stadig autoritære styrer, og der er opgør i
gang. Ud fra socialiseringstesen kan man forvente,
at demokratiseringen vil fortsætte. De resterende
autoritære styrer vil være under fortsat pres, og
presset må forventes at slå endnu hårdere igennem,
jo færre, der er tilbage, da disses muligheder for at
støtte sig til ligesindede formindskes[23], og da de vil
sakke agterud i den internationale konkurrence.

Der skal dog tages to vigtige forbehold. Det første
gælder tesens gennemslagskraft, der afhænger af,
om unipolariteten og dermed den aktuelle verdens-

---

[23] Et eksempel er, at Den Arabiske Liga, der tidligere stod
som forsvarer for medlemmernes ret til selv at håndtere
deres interne forhold, i vinteren 2011/12 skarpt kritisere-
de det syriske styres voldsomme fremfærd mod demon-
stranter og enedes om først at sende observatører til
Syrien, og dernæst at trække observatørerne ud, da disse
ikke kunne få de ønskede muligheder. Et andet eksempel
er arabiske staters militære bidrag til beskyttelse af civile i
Libyen.

orden fortsætter. Hvis det internationale system ændrer sig, vil også det ydre pres ændre sig. Det andet gælder demokratiseringens forløb, der ikke nødvendigvis vil foregå glat og lineært, men risikerer at blive præget af tilbageslag og turbulens, lige som nogle stater risikerer at bryde sammen under forandringsprocessen.

Neorealisme, demokratisering og Mellemøsten

Neorealismen fremstilles nogle gange som en teori, der fokuserer på militær magtanvendelse og de store stater. Det er også rigtigt, men det er ikke hele 'sandheden'. Der er meget andet at hente, blandt andet i forhold til socialisering.

I forhold til de senere års debatter om IP-teoriernes fremtid, ser det ud til, at der er store perspektiver i at undersøge, hvordan enhederne møder det strukturelle pres, og hvorledes dette pres farvcs af den konkrete polaritet – i unipolaritetens tilfælde af verdensordenen.

Blandt de områder, der kan opdyrkes, er socialiserings-dimensionen, men også Waltz's kapabilitets-komponent 'politisk kompetence'. Politisk kompetence dækker evnen til at agere politisk og få mest muligt ud af øvrige kapabiliteter; det vil sige styreform. Meget tyder på, at demokratier klarer sig bedst økonomisk (Siegle et al., 2004), men også i forhold til relativ position i systemet. Operationaliseringen af denne kapabilitet er dog ikke tilstrækkelig udfoldet.

Demokratisering har tidligere været noget, der blev tilkæmpet indefra, og den hidtidige demokratiseringsforskning handler overvejende herom – indrepolitiske styrkeforhold, socio-økonomiske betingelser og historiske veje. Under den aktuelle verdensorden kommer presset ikke mindst udefra, og efterhånden bliver det snarere ikke-demokrati, der skal forklares som en undtagelse (Hansen og Jensen, 2012). Spørgsmålet er så, hvor længe det demokratiske vindue, det vil sige den aktuelle unipolære verdensorden, er operativ, og om den er det så længe, at potentielle supermagtskandidater som Kina når at blive demokratiseret undervejs og styreform dermed ophører med at være et konkurrencemoment, men bliver et fælles vilkår.

I den arabiske verden er rejsen mod demokrati lige begyndt, og den står over for svære vilkår. Der er mange grupper og borgere, der ikke mener at have en interesse i demokratisering og de forandringer, det indebærer, herunder at kvinder får lige vilkår, at konkurrerende klaner får magt, eller at samfundene bliver fundamentalt anderledes organiserede. Formentlig vil der komme både frem- og tilbageskridt, erfaringer med islamistiske regeringer, lovløshed, læreprocesser og, i nogle tilfælde, store opgør[24]. Ud fra socialiseringstesen må retningen imidlertid forventes at være fortløbende demokratisering.

---

[24] Irak efter Saddam Hussein-styrets fald, Libyen i opgøret med Gaddafi-styret, og Syrien efter det arabiske forår har vist, at der fundamentale interesser på spil i forhold til en demokratisk forandring. Omvendt viser udviklingen i Egypten, at når processer er sat i gang, er de overordentlig vanskelige at håndtere.

Henvisninger

Brooks, Stephen G. (1997): 'Dueling Realisms'. *International Organization*, 51(3): 445-477.

Diamond, Larry: 'Why are there no Arab Democracies?' *Journal of Democracy*, Volume 21, Number 1, January 2010, pp. 93-104.

Fukuyama, Francis (1992): *The End of History and the Last Man*. New York: Free Press.

Hansen, Birthe (2011): *Unipolarity – A Theory and its Implications*. New York and London: Routledge.

Hansen, Birthe (2000): *Unipolarity and the Middle East*. Richmond: Curzon.

Hansen, Birthe og Carsten Jensen (2012): *Demokrati i Mellemøsten*. København: DJØF Forlag.

Hansen, Birthe og Carsten Jensen (2006): *Unipolarity and Democracy in the Middle East*. Arbejdspapir 2006/04. Institut for Statskundskab, Københavns Universitet.

Henry, Clement N, and Robert Springborg: *Globalization and the Politics of Development in the Middle East*. Cambridge: Cambridge University Press, 2001.

Heurlin, Bertel (1990): 'Sovjetunionens frivillige kapitulation. Afslutningen på den kolde krig tolket i clausewitzske krigstermer', i Morten Kelstrup: *Nyere tendenser i politologien. Bidrag til studiet af international politik og den nye europæiske udvikling*. København: Institut for Samfundsfag og Forvaltning, pp.71-100.

Hudson, M.C. (1991): "After the Gulf War: Prospects for Democratization in the Arab World". *The Middle East Journal.* Vol.45. No.3.

Huntington, Samuel: 'The Clash of Civilizations'. *Foreign Affairs*, Summer 1993.

Huntington, S.P. (1991): *The Third Wave: Democratization in the Late Twentieth Century*. Norman: University of Oklahoma Press

Møller, Jørgen og Svend-Erik Skaaning (2010): *Demokrati og demokratisering. En Introduktion.* København: Hans Reitzels Forlag.

Norton, A.R. (ed.) (1995): *Civil Society in the Middle East.* Leiden; New York: Brill

Rose, G. (1998) 'Neoclassical Realism and Theories of Foreign Policy'. *World Politics*, 51: 144-172.

Siegle, J. T., M. M. Weinstein, og M. H. Halperin (2004): 'Why Democracies Excel'. *Foreign Affairs*, Vol. 83:5, september-oktober, pp. 57-71.

Valbjørn, Morten, and André Bank: 'Examining the 'Post' in Post-Democratization: The Future of Middle Eastern Political Rule through Lenses of the Past. *Middle East Critique*, Vol. 19, No. 3, Fall 2010, pp. 183-200.

Valbjørn, Morten: 'Post-democratization lessons from the Jordanian 'success story', *Foreign Policy - The Middle East Channel*, 2010, pp. 1-4.

Waltz; Kenneth N. (1979): *Theory of International Politics*. New York: Random House.

Wivel, Anders (2002): 'Realismen efter Waltz: Udvikling eller afvikling?'. *Politica,* årg. 34(4), s. 431-448.

USA'S Libanonpolitik.
Kontinuitet og forandring[25]

Siden 2005 er den amerikanske støtte til Libanon dramatisk steget dramatisk på trods af et tidligere begrænset engagement. Den øgede støtte fulgte efter Syriens tilbagetrækning fra Libanon, der fandt sted efter internationalt pres, og politiske ændringer i libanesisk ledelse, der blev fremkaldt af den såkaldte 'Cedertræs-revolution'. Begge udviklinger var i overensstemmelse med USA'S strategi for et nyt Mellemøsten, og Libanon kunne blive en synlig del af denne fornyelse. Udviklingen stod imidlertid snart over for alvorlige udfordringer, og USA har måttet revurdere politikken over for Libanon. Ikke mindst i relation til, hvordan man skal håndtere Hizbollah i forbindelse med de endnu større udfordringer fra Iran.

Generelt er USA's politik over for Libanon stærkt påvirket af bredere globale og regionale bekymringer. Libanon er en lille, sårbar og urolig stat, som imidlertid har potentialet til at forårsage regionale problemer og blive udsat for en sådan. I kombination med de bredere amerikanske bekymringer, tilskynder disse potentialer en instrumental amerikansk politik, der er domineret af de store udfor-

---

[25] Teksten blev oprindeligt udgivet under titlen 'US Policy Towards Libanon i Birthe Hansen og Bertel Heurlin (eds.) *Lebanon. Strategic and Military Dimensions*. Copenhagen, Royal Danish Defence College. Oversat fra engelsk af Carsten Jensen.

dringer og alliance-bekymringer og søger at undgå at give næring til yderligere indenlandske problemer for Libanon.

Irans atomprogram dominerer på nuværende tidspunkt dagsordenen og er knyttet til Libanons politik gennem Irans støtte til Hizbollah, som udfordrer den libanesiske stats monopol på vold. Desuden skal Libanon behandles i den geopolitiske kontekst, som Levanten udgør, den nære allierede Israel mod syd, Syrien mod øst og Middelhavet med den sjette flåde i vest (Se Zisser, 2011 om Libanons forhold til Syrien og Israel).

Det vigtigste spørgsmål vedrørende USA's politik for Libanon er derfor USA's strategi for Iran med behørigt hensyn til Israel og Syrien. Midt i disse bekymringer står Hizbollah, der delvist er integreret i og delvist underminerer libanesisk politik, som handler lokalt og uafhængigt, men også delvist sponsoreret og inspireret af Iran, med et dobbelt forhold til Syrien, og fjende til et Israel, som foretrækker ro på sin nordlige front (for en dybtgående vurdering af Hizbollah, se Salem, 2011).

Desuden er USA engageret i bestræbelserne på at bekæmpe terrorismen globalt, og Hizbollah er - ud over andre aktiviteter - også en terrororganisation. Det samarbejder med Iran, har støttet terrororganisationer, og truer Israel samtidig med, at det er en central aktør i Libanon og Libanons stabilitet: Hvordan skal USA forholde sig med Hizbollah?

Fokus på Libanon

I midten af oktober 2010 udfordrede den iranske
præsident Mahmoud Ahmedinejad endnu en gang
amerikanske politiske beslutningstagere. Han var på
turné i den sydlige del af Libanon for at oppiske støt-
te fra Hizbollah og dets tilhængere. Det lykkedes
ham faktisk. Men han blev formelt inviteret af den
libanesiske præsident Michel Suleiman og begyndte
sit besøg i Beirut.

På den ene side skulle USA forholde sig til en inter-
national provokation. Ahmedinejads besøg i Sydli-
banon blev portrætteret som inspektion af en iransk
base af flere medier, og besøget var klart velegnet til
at skabe spændinger i en allerede ustabil sammen-
hæng. Desuden valgte Ahmedinejad at demonstrere
sin evne til at komme tæt på grænsen til Israel og
dermed materialisere sine truende udtalelser mod
Israel med sit nærvær. At den libanesiske statsleder,
Michel Suleiman, havde indbudt Ahmedinejad og
givet ham muligheden, var en klar udfordring til
USA's støtte til det libanesiske etablissement.

På den anden side havde USA ingen interesse i at
fremprovokere yderligere spændinger i Libanon, og
tiden syntes ikke at være den rigtige til at opgive
Libanon, som i sidste ende kunne falde helt i hæn-
derne på Iran.

Libanon er et lille land, det producerer ikke én ene-
ste tønde olie, og det indeholder alvorlige politiske
konflikter. Dette fremmer nysgerrighed over for
amerikanske interesser i Libanon, det, der påvirker

USA's politik overfor Libanon, og de nuværende politiske dilemmaer.

Forskere og kommentatorer har peget på forskellige faktorer: USA ønsker at bevare en pro-vestlig demokratisk valgt regering i regionen, det risikerer en ny borgerkrig i Libanon, og der er risiko for konfliktspredning fra Libanon til resten af Mellem- østen.

Præsident Georg W. Bush's administration vedtog en sikkerhedsstrategi efter 9/11, der eksplicit bygger videre på demokratisering af Mellemøsten. På det tidspunkt blev Libanon kategoriseret af kendere som et "fragmenteret demokrati" (Henry og springborg 2001), og selv om tilbageslag har fundet sted i det første årti af det 21. århundrede, har Libanon stadig en demokratisk valgt regering og er en af de få "demokratiske bastioner" i regionen: "I betragtning af, hvad der i øjeblikket er på spil i Libanon - overlevelse for den eneste pro-vest og demokratisk valgte regering i den arabiske verden-fortsatte amerikanske interesser og robuste bilaterale bånd er alle, men sikre for den umiddelbare fremtid. Et nederlag for 14. Marts-koalitionen ville være et reelt tilbageslag for både Washington og Beirut." (Schenker 2009:234). Schenker henviste til parlamentsvalget i 2009, hvor den Saad Hariri-ledede 14. marts koalition med sine visioner om Libanons suverænitet fastholdt sit flertal.

"Hvis Obama administrationen ikke kan skabe en regional fredsaftale, kan der meget vel udbryde en anden borgerkrig" var advarslen erklæring i en *Time*-artikel i 2009, som lagde vægt på den libanesiske stats skrøbelighed og den regionale sammenhæng

(*Time,* 19 april 2009[26]). Borgerkrigen 1975-1989 var blodig og brutal, og siden Taíf-aftalen fra 1990, som sluttede konflikten, har der fundet mange episoder sted, der afspejler konstante spændinger. Men især har Hizbollahs fremskridt i Sydlibanon, belyst de politiske skel.

Desuden har konflikten mellem demokrati og autoritært styre i Mellemøsten udbredte rødder, og det er ofte nævnt, at indenrigskonflikten i Libanon kan sprede sig til andre lande i regionen på grund af nabolandenes interesser og diverse proxy-tilhørsforhold: "andre medlemmer af den islamo-nationalistiske lejr risikerer at blande sig ... Og i så fald ville den 'lille stat' i Mellemøsten ikke længere være dens slagmark, eller i det mindste ikke længere dens eneste "(Hirst, 2010:427).

Disse faktorer er af stor betydning, men USA's politik over for Libanon synes hovedsageligt at være instrumentel. Der er rettet mod og formet af andre regionale mål snarere end af specifikke libanesiske spørgsmål, og den instrumentale tilgang synes at være konsekvent over tid. Under den kolde krig, formede den bipolære magtbalance og regionale topmål den amerikanske politik. Efter 1989 har håndtering af regionale mål og forhindring af større internationale problemer – især i forbindelse med Irans atomprogram styret USA's politik over for Libanon.

USA havde dog et libanesisk engagement før Irans atomprogram, og dette engagement har indtil videre resulteret i to interventioner.

Den amerikanske Mellemøstpolitik under den kolde krig

Da den kolde krig spredte sig til Mellemøsten, blev den amerikanske politik over for Libanon drevet af supermagtsrivaliseringen. Grundlæggende har politikken været karakteriseret af særlige ordninger, som er mindre vigtige end strategiske forbindelser og politisk samarbejde (Taylor 191:115). På den måde var den instrumentel og fulgte ofte USA's forhold til Israel, Syrien og fredsprocessen.

USA sigtede mod at forhindre sovjetiske gevinster i Mellemøsten ved at modvirke fremvækst eller magtovertagelse af venstreorienterede regimer i regionen, forhindring og kontrol med konfliktoptrapning (som i sidste ende kan stige til et nukleart niveau) ved, især efter 1973, at engagere sig i proxy-konflikter, fremme egne interesser og idéer og ved at beskytte dets allierede. Engagementet var ofte reaktivt, det vil sige, at det tog form af at reagere på lokale og regionale udviklinger frem for at indlede sådanne.

For Libanons vedkommende udløste hensynet til forebyggelse af regimeskift til fordel for Sovjetunionen 1958-interventionen der var i overensstemmelse med Eisenhower-doktrinen. Frygten for Nasser-isme, og virkningen af dannelsen af den Forenede

Ara-biske Republik, fik USA til at reagere på et oprør i Beirut efter anmodning fra den libanesiske præsident Chamoun. 14,000 marinesoldater blev indsat, men de blev snart trukket tilbage (Se Schenker 2009).

Også i 1982-84 greb USA ind. Efter den israelske invasion i Libanon og evakueringen af PLO-styrker blev der indsat en multinational styrke, herunder 1.400 US-Marines. Men efter alvorlige Hizbollah terrorangreb mod styrken, beordrede præsident Reagan en troppetilbagetrækning, der blev afsluttet i februar 1984. Denne tilbagetrækning, slog dog igen mange år senere, idet den tjente til at opmuntre al-Qaeda: en supermagt kunne blive tvunget til at trække sig gennem terrorisme.

Under resten af den libanesiske borgerkrig var USA's politik forsigtig, præget af frygt for at blive fanget i det interne kviksand, og fokuserede på give støtte til proxyen. Denne støtte blev stadig gennemført for at forhindre en optrapning eller fuldstændig opløsning af den libanesiske stat.

På trods af USA's lave prioritering af Libanon blev der således gennemført to interventioner. 1958-interventionen blev omhyggeligt planlagt og havde til formål at forhindre en nasseristisk overtagelse efter en eskalerende uro og afspejlede dermed et ansvar for den lokale udvikling i den globale magtbalances navn. Formålet med 1982-84 intervention var mindre klart, og den var mindre veltilrettelagt. Den fandt imidlertid sted under en kold krig med spændinger og efter regionale konflikter. Begge interventioner vedrørte således supermagtsbalan-cen, var begrænsede, og havde til formål at stabilisere Libanon. De repræsenterede dramatiske, men eksemplariske repræsentationer af den generelle amerikanske tilgang under den kolde krig.

Sammenfattende var USA's politik over for Libanon under den kolde krig instrumentel med overskrifterne "må ikke tippe båden", "må ikke dræne amerikanske ressourcer", og "Libanon må ikke helt opløses".

Den nye verdensorden

Efter afslutningen af den kolde krig ændredes USA's globale rolle. At afbalancere den sovjetiske magt blev afløst af den krævende opgave at stå for internationalt management (Hansen, 2011) og specifikke udfordringer som forebyggelse af horisontal nuklear spredning, fejlslagne stater og terrorisme blev mere presserende.

Irans atomprogram var blandt de mest fremtrædende ledelsesmæssige udfordringer for USA i det nye årtusinde. Indtil videre har Iran på trods af forhandlinger og sanktioner fortsat politikken med at berige uran og insisteret på dets ret til at gøre det.

Hvis Iran krydser den nukleare grænse, vil USA stå over for store problemer: en ændret magtbalance i Mellemøsten, en styrkelse af modstanden mod verdensorden og en øget trussel mod de traditionelle allierede. Desuden kan andre stater i regionen føle sig fristet til at reagere ved at opbygge deres egne programmer. Hvis det er tilfældet, vil USA's bestræbelser på at forhindre horisontal spredning blive alvorligt komplicerede og hæmmede.

I dag er Irans kernepolitik derfor det prisme, gennem hvilket USA's politik i forhold til udfordringer i Libanon skal ses.

Tiden efter den kolde krig begyndte dog uden denne udfordring, og i Libanons tilfælde forekom udviklingen ret positiv. I 1989 enedes parterne i Taíf- aftalerne (Collings 1994), der afsluttede borgerkrigen, Libanon deltog i fredsprocessen i Madrid, og Syrien blev belønnet med en fri hånd i Libanon for landets deltagelse i Operation Desert Storm. På den måde blev "den libanesiske tikkende bombe ... midlertidigt nulstillet af en amerikansk godkendt *Pax Syriana*, der garanterede stabilitet til gengæld for Beiruts accept af naboens dominans "(Malley og Harling 2010:20).

I 1990'erne viede USA mindre opmærksomhed til Mellemøsten. Hizbollah begyndte at opbygge styrke i Libanon, Syrien og USA kom igen på fjendtlig fod, og Syrien øgede sin kontrol i Libanon.

Da 9/11-angrebene i New York og Washington medførte en anderledes og mere aktiv amerikansk politik med vægt på demokrati i Mellemøsten, begyndte situationen i Libanon at blive forværret. Libanon kom på dagsordenen, hovedsagelig på grund af de forværrede forhold mellem USA og Syrien, der fulgte beskyldninger om at Syrien tillod udenlandske oprørere at krydse grænsen mellem Irak og Syrien, og mordet på den libanesiske premierminister Rafiq Hariri. Denne udvikling gav et øget amerikansk og internationalt pres på Syrien og i Libanon bidrog utilfredshed med mordet på Hariri og den såkaldte Cedertræs-revolution til syrisk tilbagetrækning samt ændringer i den libanesiske politiske ledelse.

Efter den syriske tilbagetrækning forøgede USA sit engagement i Libanon til et historisk højdepunkt med både diplomatiske, økonomiske og militære støttemidler. Militært nød Det libanesiske Væbnede styrker (LAF) godt af USA's forsøg på at svække Hizbollah og dets støtte til at udvikle et statsligt voldsmonopol i Libanon.

Mulighederne for fremskridt i Libanon blev imidlertid snart begrænset af konflikten i 2006 med Israel som følge af et grænseoverskridende angreb udført af Hizbollah. Processen efter konflikten indebar, at USA ikke ønskede at "ikke at ødelægge Libanon i forsøget på at ordne det" (Salem 2006). Samtidig skulle faren for, at en "krig med Iran nødvendigvis vil omfatte Libanon" (Salem 2006) begrænses. Skønt Hizbollah forsøgte at påberåbe sig sejr i konflikten i 2006, blev den alvorligt svækket med hensyn til militære kapaciteter og turde ikke udfordre Israel i de kommende år.

USA engagerede sig ikke direkte i efterspillet til 2006-konflikten. I stedet blev et styrket UNIFIL indsat. I forhandlingerne forud for U.N.S.C.-resolution 1701, var USA skeptisk overfor et UNIFIL II på grund af UNIFILs hidtil ret magre resultater, men endte med at skrive udkast til resolutionen sammen med Frankrig.

Kontinuitet og forandring

Både før og efter afslutningen af den kolde krig har USA's politik over for Libanon været instrumentel i den forstand, at den er blevet underordnet globale og regionale overvejelser. Desuden har den overvejende haft begrænset prioritet.

Under den kolde krig var det største bekymringer supermagtbalancen og at undgå konfliktoptrapning og den største udfordring for disse bekymringer, der stammede direkte fra Libanon, var borgerkrigen.

Efter Den kolde krigs afslutning og udviklingen I USA's rolle hen mod globalt management forblev situationen i Libanon usikker, og USA's største regionale bekymring var udviklingen I Irans atomprogram.

Obama og fremtiden

Da præsident Barack Obama kom til efter George W. Bush, blev spørgsmålet om, hvorvidt Obama har en politik for Libanon stillet. 2005-2009 havde været år med hidtil uset amerikansk støtte til Libanon. Kan støtten overleve et amerikansk præsidentskifte?

I den *nationale sikkerhedsstrategi 2010* nævnes Libanon én gang: USA vil arbejde for israelsk-libanesisk fred: "Samtidig med at vi stræber efter fred mellem israelere og palæstinensere, vil vi også efterstræbe fred mellem Israel og Libanon, Israel og Syrien og en bredere fred mellem Israel og dets naboer". Fokus var ikke overraskende, da USA's indsats for at bidrage til arabisk-israelsk fred har været et stabilt element siden præsident Truman, og Israel er stadig en vigtig allieret for USA.

Der er selvfølgelig mange problemer i Libanon selv, der bekymrer USA. Vil den forøgede støtte resultere i, at våben falder i Hizbollahs hænder? Hvad bliver konsekvensen af Hariri-rapporten) Hvordan skal man fortolke den politiske proces? Præsident Obama roste den demokratiske proces forud for valgene, men roste ikke vinderne. Først og fremmest er en-hedsspørgsmålet en udfordring.

I øjeblikket er det vigtigste spørgsmål for den amerikanske regering vedrørende Libanon imidlertid, hvordan man skal behandle Hizbollah i lyset af den iranske udfordring. Hidtil har USA krævet, at Hizbollah opgiver vold og lader sig afvæbne for at blive betragtet som en legitim politisk aktør. Hizbollahs flertydige karakter, hvor der også er en politisk gren med repræsentation i den libanesiske regering har dog næret en debat, idet nogle "regionale aktører simpelthen ikke passer ind i en genkendelig mode-rat-versus-militant skabelon" (Malley og Harling 2010:24), og "[D]et bør ikke komme som nogen overraskelse, at Vesten finder det stadig mere pro-blematisk at forvalte komplekse situationer med et stift, endimensionelt paradigme" (*Ibid.*: 25). Dybest set er der to strategier til rådighed: skal der indledes en dialog, eller skal USA fortsat modsætte sig kon-takter?

En ikke-kontaktstrategi konsoliderer den globale krig mod terror (som er blevet omdøbt, men hvor ind-holdet af politikken indtil videre er uforandret), marginaliserer Hizbollah internationalt, tjener til* at beskytte Israel (i lyset af den uforudsigelige udvikling af Hizbollah), og bidrager til at imødegå iransk indflydelse i Libanon. Men denne politik har hidtil kun givet beskedne resultater, samtidig med at Hizbollahs indflydelse i Libanon er vokset.

En dialog-strategi kan på den anden side give en velkommen opdeling i bevægelsen, hvis moderate kontaktes og reagerer positivt, mens de radikale bliver yderligere marginaliseret. I sig selv kunne et sådant skridt splitte grupperne, og det ville formentlig også skabe intern debat i og på tværs af grupperne og måske skabe yderligere opdelinger. Desuden kan USA være i stand til at opnå direkte indflydelse på dele af Hizbollah, at lette spændingerne og styrke den generelle politik over for den muslimske verden. Men at indlede kontakter med Hizbollah efter konflikten i 2006 og med dens lange traditions for militans kan også sende et signal om at man belønner udholdenhed langsigtet opposition. På kort sigt vil meget afhænge af, hvordan Hizbollah reagerer på regeringskrisen og Haririrapporten

Flere faktorer er vigtige for USA med hensyn til det fremtidige valg af strategi, men hidtil har dets tilgang til Libanon været overvejende instrumentel. USA'S politik over for Libanon bør derfor forventes at tjene til at løse den største amerikanske udfordring i regionen: at modvirke Irans indsats. Imidlertid: ved siden af målsætningen om at balancere en regional stormagt, omfatter den generelle amerikanske politik også forsøg på ikke at antagonisere den muslimske verden og at støtte Libanons forsøg på at kunne ud af kaos.

Disse regionale mål er integreret i USA's globale prioriteter, hvor den globale krig mod terrorisme har været afgørende siden 2001. Da den iranske kapacitet til at krydse den nukleare tærskel vokser, og tidsrummet for handling indskrænkes, må USA forventes i stigende grad at fokusere på at modvirke Irans indsats, beskytte Israel, og formilde "den arabiske gade".

USA står således over for en vanskelig strategisk beslutning: vil en ændring af en dialog-strategi over for Hizbollah tjene sit formål over for den iranske udfordring bedre end den hidtil isolations strategi?

Hizbollah i Libanon er ofte blevet karakteriseret som en bevægelse, der er stærkt afhængig af Irans støtte, men som også har sin egen dagsorden i en national sammenhæng (Se Salem xx). Hizbollah kan derfor være genstand for en ny forhandling, ikke mindst efter interne debatter efter konflikten i 2006 (for en analyse af konflikten i 2006, Se Mohammed xx). Alligevel kan Iran forsøge at bruge Hizbollah eller Hizbollah-afskalninger til at angribe Israel i tilfælde af stigende amerikansk pres. En potentiel dialog-strategi skal derfor være baseret på vurderinger af den fælles politiks mulige afskalningsgrupper og på vurderinger af, om de moderate vil handle ansvarligt.

Mens USA's politik over for Libanon måske ikke udgør den vigtigste del af den amerikanske politik efter den kolde krig, illustrerer den ganske godt en læringsproces for, hvordan man skal håndtere det mindretal, der ikke tilpasser sig verdensorden, men bliver mere radikal.

Referencer

Collings, Deirdre (ed.) (1994): *Peace for Lebanon?* Boulder: Lynne Rienner Publishers.

Hansen, Birthe (2000): *Unipolarity and The Middle East*. Richmond: Curzon.

Hansen, Birthe (2011): *Unipolarity and World Politcs*. London: Routledge.

Malley, Robert, and Peter Harlingn (2010): 'Beyond Moderates and Militants*. Foreign Affairs*, Vol. 89:5, September-October, pp. 18-29.

Mohammed, Husam (2011) Reflections on the 2006Israel-Hezbollah War. Birthe Hansen and Bertel Heurlin (red.) Lebanon. Strategic and Military Dimensions. Copenhagen, Royal Danish Defence College.

Hirst, David (2010): *Beware of Small States. Lebanon, Battleground of the Middle East*. London: Faber and Faber.

Quandt, William B. (1993): *Peace Process. American Diplomacy and the Arab - Israeli Conflict since 1967*. Washington, D.C.: The Brookings Institution/Berkeley and Los Angeles: University of California Press.

Salem, Paul (2011) 'Hezbollah – Strength, Vulnerabilities and Perspectives.' I Birthe Hansen and Bertel Heurlin (red.) Lebanon. Strategic and Military Dimensions. Copenhagen, Royal Danish Defence College.

Salem, Paul (2010): 'The Future of Lebanon'. *Foreign Affairs*, November-December.

Schenker, David (2009): 'America and the Lebanon Issue'. In Barry Rubin (ed.): *Lebanon. Liberation, Conflict, and Crisis*. New York: Palgrave Macmillan: pp. 213-238.

Taylor, Alan R. (1991): *The Superpowers and the Middle East*. Syracuse, N.Y.: Syracuse University Press.

Zisser, Eyal (2011) Lebanon – Changing Regional Role in the Middle East. I Birthe Hansen og Bertel Heurlin (red.) Lebanon. Strategic and Military Dimensions. Copenhagen, Royal Danish Defence College.

The National Security Strategy 2010,

http://www.whitehouse.gov/sites/default/files/rss_viewer/national_security_strategy.pdf

Obamas sikkerhedspolitiske udfordringer[27]

Den 7. november blev Barack Obama genvalgt som USA's præsident, og den 21. januar begynder hans anden periode officielt med tale til nationen og festligheder. Der var under valgkampen spænding til det sidst om udfaldet med mange sving-stater og vælgere, der ikke havde besluttet sig, men alligevel blev det til en sikker valgsejr for Obama. Spørgsmålet er nu, hvilke udenrigspolitiske udfordringer, han står over for i sin anden periode?

Præsident for hele verden

Hvis danskerne havde haft stemmeret, havde Obama ifølge ryddet banen. En Megafon-måling gav lige inden valget Obama 84 % af stemmerne mod 4 % til modkandidaten Mitt Romney[28]. Danskerne var oveni købet også sikre på udfaldet, hvis man ser på Danske Spil og Oddset-Danmark, der helt overvejende (90 %) satsede på Obama. Dertil kom en generelt stor interesse for valget, hvilket afspejler, at den amerikanske præsident på en måde er alles præsident, selv om ikke alle har stemmeret. I en situation med

---

[27] Teksten blev oprindeligt udgivet i *IPmonopolet* (2013) 18. udg.

[28] http://nyhederne.tv2.dk/article.php/id-59724656:danskerne-ville-stemme-p%C3%A5-obama.html?rss

kun én supermagt, er vedkommende i princippet den mest magtfulde politiker i verden.

Mest magtfuld, men ikke almægtig

Ud fra teori om unipolaritet (Hansen, 2011) står Obama over for både store muligheder og store udfordringer. En enesupermagt er nødt til at håndtere større internationale problemer. Hvis den ikke gør det, kan den tabe troværdighed og problemerne kan vokse ud af kontrol (under-management). Hvis den gør det, koster det politiske, økonomiske og, evt. militære ressourcer, og den risikerer udmattelse (over-management). Dette er et bestandigt dilemma for en enesupermagt, som også Obama står over for.

Dilemmaet bliver ikke mindre i en situation, hvor der er udsigt til konkurrence fra opstigende magter. USA har et stærkt incitament til at føre en politik, der sikrer egen position som enesupermagt også fremover. Sådan en politik kræver imidlertid håndelag, da der kommende konkurrenter under unipolaritet omvendt har mulighed for at udnytte den komfortable sikkerhedssituation for større magter, samtidig med, at de lige så stille prøver at begrænse amerikansk indflydelse og øge deres egen. De har ikke udsigt til at kunne 'vælte' USA, men de kan bringe sig selv i en bedre stilling.

Endelig bliver dilemmaet accentueret af, at USA skal bevare sit kapabilitetsforspring også på de indre linjer. Hvis ikke der bygges op, uddannes, investeres,

og innoveres, får USA et problem uanset udenrigs-
politikken og de andres gøren og laden.

I virkeligheden er spørgsmålet snarere, hvilke udfor-
dringer Obama *ikke* står for. Her er det imidlertid
meningen at se nærmere på nogle af de største i
den kommende fireårs periode.

Store udfordringer

Når det gælder udenrigspolitikken, er det selvsagt
en stor udfordring, hvordan USA forholder sig til
Kina, der nu i en årrække har haft høje økonomiske
vækstrater (Christensen, 2010) og dermed synes at
være den mest indlysende udfordrer. Det er også en
udfordring, hvordan USA håndterer atomspredning
og dermed Nordkorea og Iran. Endelig er det aktuelt
set en udfordring, hvordan situationen udvikler sig i
Mellemøsten, hvor forandringsprocessen tog fart i
forbindelse med det arabiske forår i 2011.

Disse udfordringer er i høj grad af sikkerhedspolitisk
karakter, og man kunne med stor ret skrive en an-
den artikel om de handelsmæssig og økonomiske
udfordringer – USA's økonomiske afhængighed, den
europæiske partners store problemer mv. Som Ken-
neth Waltz skrev, så bliver økonomisk konkurrence
særligt skærpet og fylder meget, hvis de større mag-
ter – som det er tilfældet – har atomvåben, og under
unipolaritet bliver denne konkurrence også frem-
trædende, da opstigende magter, der endnu mang-
ler at vinde ind på en del af det amerikanske magt-
forspring, vil holde sig tilbage fra andre styrkeaf-

prøvninger (Hansen, 2011). Når det er sagt, er der stadig nogle klassiske sikkerhedspolitiske problemstillinger tilbage, der i de kommende år vil fylde en del på Obamas 'udfordrings-menu': Kina, atomspredning og Mellemøsten.

Kina på vej frem

Der er meget langt fra budskabet i børnesange om den 'magre Ming i Kina', der blev sunget i 1960'erne, til de aktuelle kinesiske vækstrater. Det er imidlertid vigtigt at huske, at Kina selv står over for mindst fire udfordringer på vejen mod supermagtsstatus: for det første er Kina et sammensat land, hvor store områder stadig er stærkt tilbagestående. For det andet er der omfattende modernisering i gang i Kina, og forcerede moderniseringsprocesser kan, ud fra historiske erfaringer, medføre politiske krav og tab af samfundsmæssig sammenhængskraft. For det tredje 'imiterer' Kina stadig vestlige tiltag, og en overhaling af USA ville fordre en helt anden grad af innovation. For det fjerde ville Kina skulle udvikle sit militær – og på en måde, der ikke ville udløse en sikkerhedsdilemma-betinget reaktion fra omverdenen.

Dette ændrer dog ikke ved, at der er en meget stor økonomisk udvikling i gang i Kina, der indtil nu har kunnet realisere denne uden samtidige at påtage sig noget større globalt ansvar. USA har siden Clinton-årene været stadig mere opmærksom på Stillehavsregionen og Fjernøsten, og flere ressourcer er blevet dirigeret i denne retning.

Der har været store IP-debatter om, hvorvidt USA bedst løser udfordringen ved a) at stole på de internationale institutioner og satse på Kina som en partner, b) ved at satse på magt og løbende forhindre Kina i at opnå politiske gevinster, eller c) at acceptere et samliv baseret på kernevåben, en slags ny kold krig. Inden for områdestudierne har der været debatter om, hvorvidt Kina er ved at tilpasse verdenssamfundet, og om, hvorvidt det nye Kina synes at være på vej i en samarbejdsorienteret retning.

Præsident Obama skal tage stilling til, hvad der er mest farbart for USA i forholdet til Kina. Hvis man skærer igennem på baggrund af ovennævnte unipolaritetsmodel, skal Obama fortsætte med at søge at inddrage Kina i forhold til de amerikanske gældsproblemer, og han skal sikre, at USA bevarer sit forspring via styrkelse og innovation på alle områder. Dette koster dyrt og kunne tilsige en flytning af ressourcer brugt på udenrigspolitisk problemløsning til hjemlig udvikling. På den anden side vil en for omfattende flytning give Kinas indflydelsespolitik for let spil: hvis afrikanske lande ønsker lån uden alle de vestlige krav om overholdelse af menneskerettigheder, er Kina parat (amerikansk under-management).

To af de steder, hvor USA måske kan sætte ind, er klima-området og demokratisering. Kina har en problematisk politik på klima- og miljøområdet set ud fra internationale standarder. USA kunne bruge dette område til at presse Kina – den økonomiske vækst i Kina ville blive præget af nødvendigheden af at opretholde helt andre standarder, end det hidtil har været tilfældet. Dette er imidlertid ikke helt nemt for en amerikansk præsident, der også skal tilfredsstille amerikanske bilejere og producenter. Et andet område er demokratisering. Her har USA siden invasionen af Afghanistan for alvor bragt temaet på bane. Kina har med sin veto-politik i Syrienspørgsmålet vist, at man indtil videre modsætter sig spredningen heraf. Jo mere, demokratisering breder sig, desto sværere vil det imidlertid også blive for Kina at opretholde sin økonomiske vækst på basis af lidet demokratiske forhold. Her kan Obama fortsætte den mere eller mindre eksplicitte amerikanske demokratiseringsstrategi.

Der er stadig huller i USA's egne rækker. Blandt de allierede er Saudi Arabien et indlysende eksempel. Alligevel synes det værd at satse på for Obama, at demokratisering bliver den altdominerende norm, så Kina ikke får held til at lede en autoritær modalliance, som Robert Kagan (2008) har advaret imod. En satsning her kunne være at få de arabiske stater, og, måske Rusland, mere helhjertet ind på den liberal-demokratiske side.

Spredning af atomvåben

At forhindre spredning af atomvåben har været på dagsorden også før unipolariteten. Men i særlig grad under, da de teknologiske muligheder er blevet mere udbredte. Det er ikke kun et spørgsmål om prestige, men også et helt praktisk ledelsesspørgsmål set fra enesupermagtens side: hvis andre stater får atomvåben, bliver det sværere at håndtere dem, og der bliver større grænser for, hvad man kan gøre i en eventuel konflikt.

Nordkorea menes allerede at have testet atomvåben og at have en mindre kapacitet. Landet har haft en lidt speciel atompolitik, da man til tider har været meget offensiv omkring den, og da den har haft en merkantilt islæt: Nordkorea har skiftevis indgået i forhandlinger, skiftevis taget skridt i sit atomprogram. De forskellige skridt har været præget af landets situation i den forstand, at hvis man ønskede international nødhjælp, skruede man ned for programmet, men hvis der ikke var tørke m.v., skruede man op. USA er her presset dels af Kina, der ikke ønsker nordkoreanske flygtninge, dels af Sydkorea og Japan, der vil se en troværdig amerikansk beskyttelse – bl.a. som pris for ikke selv at skaffe sig a-våben. Japan har stor indrepolitisk modstand på grund af historiske erfaringer, men ikke større, end at man har ved et tidligere nordkoreansk tiltag har diskuteret et slags missilforsvar.

Iran er i en anden situation, da landet formentlig endnu ikke har, men er meget tæt på at opnå en atomkapacitet. Det er tilmed en stat, der er på konfliktkurs over for USA, og kombinationen af overskridelse af atomtærsklen og verdensordensmodstand, er 'worst case' under unipolaritet. For USA øges udfordringen af, at adskillige andre arabiske lande har tilkendegivet, at hvis Iran får atomvåben, vil de også have det, så en veritabel atomspiral kan frygtes. De forventer også, at USA 'gør noget'.

Kina og Rusland har hidtil free-ridet i sagen: de har solgt diverse udstyr og undladt reelt pres, velvidende, at USA formentlig vil skride til handling, når Iran nærmer sig sin status. I USA er problemet meget nærværende. Der er formentlig fuldmægtige i State

Department, der skriver på erklæringer om, at det nok skal gå alligevel, mens andre forbereder tiltag, der skal forhindre en iransk atomstatus. Obama er nødt til at regne på omkostningerne ved en forhindring, og han synes indtil videre at have fortsat 'forsinkelsespolitikken' for at vinde tid. Den giver to fordele. Dels at man kan håbe på et nyt styre i Teheran, der hellere vil integration i verdensordenen frem for at få atomvåben, eller som i det mindste er mindre verdensordensfjendtligt. Dels at man undervejs kan inddrage Iran i nogle af omgangsreglerne. Indtil videre har ingen af de to fordele vist sig at have bæring. Da et militært indgreb vil være meget omkostningsfyldt, vil Obama formentlig ihærdigt forsøge at nå en løsning uden et sådant. Han har dog forpligtet sig på, at USA ikke kan acceptere en iransk atomstatus.

I det nordkoreanske tilfælde har USA flere internationale medspillere og en sværere sag – da Nordkorea allerede har overskredet tærsklen, mens man i Iran har en kapabel medspiller i form af Israel, en betydelig opbakning, og en ubehagelig opgave, der, hvis en militær løsning synes den eneste, kan dræne USA for mange ressourcer.

Det nye Mellemøsten

Under præsident Bush satte USA for alvor demokrati på dagsordenen, og i forhold til Afghanistan og Irak blev demokratisering en sikkerhedsstrategi. Dette bredte sig i resten af regionen i løbet af det kommende tiår, og i 2011 så vi det arabiske forår (Hansen og Jensen, 2012).

Under det arabiske forår klarede to af staterne selv at gøre sig fri af den kolde krigs autoritære ledere: Tunesien og Egypten. I begge tilfælde startede der oprør i civilsamfundene, men det var det to landes militær, der var afgørende for, at Hosni Mubarak henholdsvis Ben-Ali blev sat på porten. I Libyen var forløbet noget anderledes. Der måtte ekstern militær bistand til. USA var tilsyneladende tilbageholdende og lod europæere og arabere om det meste. Men – USA stod for forberedelse, projekt og den afgørende indsats med tomahawk-missiler, der ryddede banen. Imidlertid spillede USA en tilbagetrukken rolle, hvilket synes hensigtsmæssigt i lyset af ønsker om byrdedeling med europæerne, der selv havde stærke interesser på spil (frygten for flygtningestrømme), og at undgå anti-amerikanisme. I Yemen bidrog USA stilfærdigt, men effektivt, til at få Saleh udskiftet.

Tilbage står den fremtidige udvikling i de nye demokratier, samt Syrien. Syrien er den største aktuelle problemløsnings-udfordring, og Kina og Rusland har hidtil vist, at man både opretholder en autoritær politisk front og ønsker at kaste grus i det vestlige maskineri.

Indtil videre ser det ud som, at USA har arbejdet ihærdigt, men stilfærdigt, på at få den syriske opposition til at samle sig, så den kan blive en støtteværdig partner, gøre nytte på jorden, og sikre en basis for en flyveforbudszone.

Her skal Obama også afveje omkostningerne over for de mulige resultater. Selv når Assad-styret falder – med uden 'hjælp' ude fra – vil der være store opgaver i forhold til at sikre stabiliteten i landet.

Obama's udfordring er dermed at holde det demokratiske momentum i gang i den arabiske verden, og at koordinere en indgriben i Syrien, hvis betingelserne kommer til stede. Gerne med teknologi og byrdedeling.

Frontforkortning, indre styrkelse eller tilbagetrækning

Det har været diskuteret, om USA er ved at trække sig tilbage som supermagt. I lyset af de hidtidige tiltag og udviklinger, synes det snarere som om, at USA er inde i en fase med politisk frontforkortning og vægtning af indre opbygning (som under Clinton-regeringerne).

En enesupermagt må altid veksle mellem ydre og indre brug af ressourcer, og i disse år trænger indre amerikanske problemer sig på som følge af finanskrisen. Dette betyder dog ikke, at man helt kan lade stå til internationalt – hverken i forhold til kommende konkurrenter som Kina eller i forhold til problemløsning.

Meget tyder imidlertid på, at Obama i de kommende fire år, hvis den internationale udvikling tillader det, vil satse på intern amerikansk styrkelse og bruge de forbedrede muligheder i kongressen, som han også fik i forbindelse med genvalget, til at gennemføre reformer.

Udenrigspolitik er det en mulighed at satse på det, som inden for ledelse er blevet kaldt 'små, sikre, synlige, succeser' som da den libyske leder Gaddaffi blev væltet, eller da der blev endegyldigt sat en stopper for Osama bin Laden.

Overskriften på genindsættelsesceremonien til januar er *Faith in America's Future*. Udover at temaet skal henvise til og iscenesætte tidligere amerikanske fremskridt – Lincoln's Gettyburg-tale, færdiggørelse af kuplen på Det Hvide Hus, samt bygningen af den første transamerikanske jernbane, kan man også forstå som en ikke-offensiv proklamation af, at det skal nok gå, og USA tror på sin fremtidige position.

Henvisninger

Christensen, S. F., m.fl. (2010): *Fremtidens stormagter*. Århus: Århus Universitetsforlag.

Hansen, Birthe (2011): *Unipolarity and World Politics. A Theory and Its Implications*. London and New York: Routledge.

Hansen, Birthe, og Carsten Jensen (2012): *Demokrati i Mellemøsten*. København: Jurist- og Økonomforbundet Forlag.

Kagan, Robert (2008): *The Return of History and the End of Dreams*. New York: Alfred A. Knopf.

Waltz, Kenneth N. (1979): *Theory of International Politics*. New York, Random House.

Syrien og de kemiske våben[29]

I august 2013 blev der anvendt kemiske våben i den syriske konflikt. På baggrund af pres lovede det syriske regime derefter at udlevere dets kemiske våben og lager af materialer, der kunne anvendes til fremstilling af nye våben. Dermed erstattede regimet et militært instrument med diplomatisk medspil. Det købte sig på den måde tid, idet en mulig militær intervention blev undgået. Al-Assadregimet kunne derfor foreløbig forblive ved magten som en 'tyrannosaurus rex' fra koldkrigstiden. Fjernelsen og destruktionen af de officielt deklarerede våben samt det internationale samarbejde må alligevel betegnes som en succes for det internationale samfund, da målet med missionen blev opfyldt trods svære betingelser, og en international norm om ikkebrug blev opretholdt.

Det første angreb med moderne kemiske våben fandt sted i Belgien i 1915, og efter den følgende omfattende brug af kemiske våben på vestfronten i 1. Verdenskrig opstod en norm om, at det var forkasteligt at bruge sådanne. Denne norm er kun undtagelsesvis blevet brudt. Omfattende brug sås kun under Irak-Iran-krigen 1980-88 og internt i Irak i 1988 (Haselkorn, 1999), hvor Saddam Hussein-styret brugte giftgas mod irakiske kurdere i Halabja, og op mod 5.000 mennesker blev dræbt. *Organization for*

---

[29] Teksten blev oprindelig udgivet i Lars Cramer-Larsen og Carsten Jensen, red. (2014) *Borgerkrigen i Syrien*. København, Forsvarsakademiets Forlag.

the Prohibition of Chemical Weapons (OPCW) dannedes i 1997. OPCW indgik senere en samarbejdsaftale med FN, og i 2013 havde den fået ikke mindre end 189 medlemsstater.

Trods den stærke internationale tilslutning til normen imod kemiske våben blev der anvendt kemiske våben i den syriske konflikt. Der blev rapporteret om brug af sarin den 21. august 2012 i Ghoutaområdet ved Damaskus. Hundreder, overvejende civile, døde som følge heraf. Formentlig havde der været begrænsede fortilfælde i foråret inden. Der var stor usikkerhed om, hvem der var ansvarlig, men den internationale mistanke samlede sig om al-Assadregimet.

I forvejen havde USA og det internationale samfund meldt ud, at man var skeptisk over for en indgriben i den syriske borgerkrig, men brugen af kemiske våben vakte international fordømmelse og forventninger om en eller anden form for reaktion herpå.

Under stærkt pres fra USA og Rusland gik Syrien i oktober 2013 med til at lade en fælles OPCW-FN-mission igangsætte en destruktion af de officielt deklarerede statslige våben.

Syriens masseødelæggelsesvåben

Kemiske våben udgjorde grundstammen i Syriens masseødelæggelsesvåbenarsenal. Hafiz al-Assadregimet satte programmer i gang i starten af 1970'erne med hjælp fra Sovjetunionen og Egypten. Flere arabiske lande begyndte at satse på kemiske våben i 1970'erne, og man kan tale om et veritabelt arabisk våbenkapløb (Hansen, 2000). Satsningerne kan ses i lyset af de arabiske staters nederlag til Israel i 1967. Da havde arabiske lande forberedt et angreb på Israel, men tabte krigen på kun seks dage efter et israelsk forkøbsslag. At Israel var i stand til at vinde på trods af sin numeriske underlegenhed og senere i 1973 var i stand til at modstå et arabisk angreb, fik ikke mindst Syrien til at prøve at matche den israelske konventionelle overlegenhed med andre typer våben.

Syrien havde også andre fjender. Der var tale om en stærk rivalisering med nabolandet Irak på trods af begge landes fællestræk og samme styreform i form af baathregimer. Også forholdet til Tyrkiet var i perioder meget anspændt.

Senere blev Syriens kemiske våben en 'sovende' kapacitet, mens det syriske regime begyndte at prioritere et nukleart program som en mere ultimativ afskrækkelse. Det nukleare program blev udviklet i al stilfærdighed og kom først til åben international viden, da Israel i september 2007 bombede mål i Syrien. Det Internationale Atomagentur fastslog senere, *"that it is very likely that the building destroyed at the Dair Alzour site was a nuclear reactor which should have been declared to the Agency"* (IAEA, 2011: 8).

Indtil den syriske borgerkrig brød ud i 2011, havde de kemiske våben således primært været del af en afskrækkelse mod Israel, men de havde fået en gradvist mindre betydning. Koldkrigsafslutningen i 1989 betød, at den syrisk-israelske magtbalance ændrede sig ved, at Syrien både var konventionelt underlegen samt mistede sin sovjetiske supermagts-allierede. Dette fordrede både en ny politik og nogle 'større' våben. Den stilfærdige udvikling af det nukleare program, der var blevet teknologisk mulig i tidens løb, var imidlertid en langsigtet og besværlig affære, og Syrien ændrede sin politik på en række måder (Hinnebush, 2003).

De kemiske våben var der dog stadig, og borgerkrigen var af en anden karakter end den hidtidige mellemstatslige rivalisering. Samtidig havde ikkestatslige grupper også fået mulighed for at anskaffe kemiske våben, og da sådanne blev brugt i august 2012, var der stor usikkerhed om, hvem der var ansvarlig – var det det syriske regime, der søgte at skræmme oppositionen til ophør, eller var det oprørere, der ville miskreditere regimet og søgte at få international militær støtte?

Flertallet af ofrene var civile syrere, og der er ingen tvivl om, at brugen skræmte mange fra at følge oprørerne. Der blev lagt internationalt pres på det syriske regime, om end præsident Obamas snak om et militært indgreb forblev tomme ord. Da Rusland deltog i presset, blev de kemiske våben omdefineret til politiske våben af al-Assadregimet: Regimet valgte at bruge sin kemiske kapacitet til at undgå et eksternt militært indgreb ved at bytte dem herfor, mens omverdenen besluttede, at det umiddelbart var vigtigere at få fjernet kemiske våben end at vælte al-Assad. Brugen af de kemiske våben i konflikten medførte dermed, at både al-Assadregimet og omverdenen ændrede prioriteter.

Ironisk nok havde præsident Obama udtalt, at "en omfattende brug af kemiske våben i konflikten ville være en game changer" (Landler, 2013). Det blev Ghoutaangrebet da også, men på en anden måde end oprindeligt formuleret i Obamas udtalelse.

Afvæbningen

Siden 1989 har USA givet høj prioritet til at forhindre spredning af masseødelæggelsesvåben, herunder kemiske våben, samt at styrke normen om ikkebrug. I det syriske tilfælde var der også en meget konkret grund til at handle. Borgerkrigen og de langsigtede dårlige odds for regimet indebar en risiko for, at ikkestatslige grupper ville forsøge at tilrane sig en del af kapaciteten. I lyset af kampen mod terror, ville det være særdeles uønskværdigt for USA at risikere, at den syriske arv af kemiske våben blev erobret og kom på markedet. Noget sådant ville også kunne føre til international brug. Der var derfor både generelle og konkrete grunde til, at USA var nødt til at overveje en reaktion.

På grund af usikkerheden om, hvem der stod bag, og hvilke følger det ville have for den igangværende borgerkrig, valgte præsident Obama imidlertid at undlade at gribe militært ind, selv om supermagten USA var stærk nok til det.

I stedet lancerede han i årene 2012-14 to nye politikker: en tilnærmelse til Iran og en politik for 'indirekte støtte' til konfliktparter i udlandet. I det syriske tilfælde betød de forsigtige forsøg på forhandling med Iran, at grundlaget for en militær indgriben i Syrien blev formindsket, da spredning af masseøde-læggelsesvåben nu syntes at være blevet noget, man kunne tale om. Barack Obama forsøgte at lancere forhandlinger som en ny og mere blød amerikansk linje, der således også kunne omfatte Syrien. Den indirekte støtte indebar tilbageholdenhed med udsendelse af amerikanske styrker, hvilket også kom til at omfatte Syrien. Dertil kom politisk pres og sanktioner.

Kort efter Ghoutaangrebet havde præsident Obama dog talt for, at USA skulle ramme militære mål i Syrien. Rusland og Kina nedlagde i september veto i FN's Sikkerhedsråd mod en indgriben,[30] og præsidentens overvejelser blev dermed bremset, da han ikke var villig til at iværksætte et angreb uden betydelig international tilslutning.

I tillæg til fordømmelse, sanktioner og nye politikker kunne USA støtte et russisk alternativ, der gik ud på at forhandle med Bashar al-Assad og satse på, at han udleverede det syriske styres kemiske kapacitet, især lagre af sarin og sennepsgas. Rusland, som i løbet af den syriske borgerkrig havde fornyet sin støtte til regimet, ønskede ikke en amerikanskledet militær indgriben i landet. Under det libyske oprør i 2011 havde Rusland og Kina undladt at nedlægge veto mod en FN-resolution om flyveforbud. Der blev imidlertid tale om et meget 'aktivt' flyveforbud, som

---

[30] Rusland og Kina nedlagde i alt tre vetoer mod forslag vedrørende Syrien i FN's Sikkerhedsråd, indtil der i 2013 var enighed om fjernelse af de kemiske våben (Security Council Report, 2013).

i russisk og kinesisk optik medførte et misbrug af deres vilje til at opnå et kompromis og til endnu en udvidelse af amerikansk indflydelse i Mellemøsten. Rusland ønskede ikke en gentagelse heraf, samtidig med at præsident al-Assad var en af Ruslands få tilbageværende venner i regionen. Til gengæld var det fra et russisk synspunkt bestemt heller ikke ønskværdigt at have kemiske våben så tæt på egen grænse. De kunne risikere også at falde i hænderne på oprørere i russiske provinser, og ved en ny og mere omfattende brug kunne de for alvor skabe uro i Mellemøsten.

Det russiske initiativ kom i september 2013, og ifølge initiativet skulle Syriens kemiske kapacitet elimineres.

Al-Assads regnestykke

Hvorfor ville præsident al-Assad opgive sin kemiske kapacitet? Den vigtigste faktor var formentlig frygten for, hvad der ville ske, hvis der ikke blev indgået en aftale om våbnene. På trods af en vis slingren i sine udtalelser, havde præsident Obama ikke udelukket en militær intervention, og det var muligt, at al-Assadregimet ikke ville overleve en sådan.

Det ydre pres var vokset siden juli 2012, hvor forlydender om, at regimet var i gang med at flytte nogle af våbnene, fik præsident Obama til at trække en 'rød linje'. Obama udtalte: *"(W)e have been very clear to the Al-Assad regime, but also to other players on the ground, that a red line for us is we start seeing a whole bunch of chemical weapons moving around or being utilized (...) That would change my calculus. That would change my equation"* (Obama i CNN Wire Staff, 2012).

Præsident Obama gav i 'rød linje-udtalelsen' i 2012 sig selv et spillerum. Han talte om 'omfattende brug' af masseødelæggelsesvåben som det, der ville udløse en amerikansk reaktion. Han ville ikke risikere, at nogle kunne bruge masseødelæggelsesvåben symbolsk for at trække USA ind i konflikten. Der skulle mere til. På den anden side gjorde han det også klart, at USA har en væsentlig interesse i at reagere mod spredning og brug af masseødelæggelsesvåben. Det havde det samlede internationale samfund principielt også, da normen mod kemiske våben er en af de mest grundlæggende, det hidtil er lykkedes at få tilslutning til, og da skadesvirkningerne potentielt er så enorme.

I foråret 2013 dukkede den røde linje igen op på dagsordenen. I marts hævdede oprørsgrupper, at det syriske regime havde brugt kemiske våben nær Aleppo. Præsident Obama svarede med, at en sådan brug ville blive anset for at være en 'game changer', og at hændelserne ville blive undersøgt (Gladstone og Schmitt, 2013).

Undersøgelserne førte i april og maj 2013 til forskellige fortolkninger om en eventuel brug, dens omfang, og hvem der var ansvarlig. Et medlem af FN's uafhængige kommission for undersøgelse af Syrien, Carla Ponte, erklærede hurtigt, at der var bevis for, at kemiske våben i form af sarin havde været brugt – men af oprørerne (Hall, 2013). Andre FN-talsmænd slog næsten lige så hurtigt fast, at der ikke var fremkommet beviser for noget sådant. USA og Storbritannien var skeptiske og udtalte senere, at beviserne pegede i retning af, at det var regimet, der stod bag, men at undersøgelserne stadig var ufuldstændige. Den amerikanske regering omtalte desuden brugen som 'begrænset' og konkluderede, at der skulle flere beviser til.

Det syriske regime nægtede at have brugt kemiske våben, og en syrisk regeringstalsmand sagde, at Bashar al-Assads militær "ikke havde brugt eller ville bruge kemiske våben, selv om det havde sådanne," og at det heller ikke ville være nødvendigt, da det "var i stand til at nå alle de dele af Syrien, det måtte ønske uden dem" (Associated Press, 2013). Desuden beskyldte talsmanden oprørsgrupper for at være de ansvarlige.

I foråret 2013 var der derfor stadig mangel på beviser for, om og hvilken brug der var tale om, og hvem der eventuelt var ansvarlig. Debatten fandt sted i lyset af en planlagt fredskonference i Genève, som USA og Rusland stod bag. Konferencen blev angiveligt udsat til senere på sommeren.

I august skete angrebet på Ghouta. Usikkerheden om, hvem der havde brugt våbnene, betød, at der ikke kom en umiddelbar militær reaktion, men de nu igangsatte amerikansk-russiske forhandlinger udgjorde et stærkt pres. Både USA, som havde stillet indgriben i udsigt, og Rusland, den største af al-Assads få venner, pressede på.

Al-Assadregimet stod nu i et dilemma: Skulle man opgive sin kemiske kapacitet, der var egnet til at skræmme befolkningen på plads og på den måde sikre styrets overlevelse? Eller skulle man opgive kapaciteten, fremstå som forhandlingsvenlig og forsyne omverdenen med en grund til ikke at gribe ind, som omverdenens hidtidige nøl pegede på, ville være en velkommen handling?

Det syriske styre havde tidligere vist sig pragmatisk,[31] og det ydre pres blev sat i perspektiv af læren fra Libyen i slutningen af 2003. Efter angrebet på Irak besluttede det libyske Gaddafistyre at udlevere sit nukleare program og materialer til USA. Dette betød, at Libyen, der havde været genstand for international isolation efter sprængningen af et passagerfly over den skotske by Lockerbie, genvandt en plads i det internationale diplomati og fik forbedrede relationer til mange lande.

Endelig havde omverdenen under den syriske borgerkrig vist, at man enten var afvisende eller nølende over for at gribe ind på oprørernes side.

På den baggrund ser det ud til, at en række faktorer 'skubbede' al-Assadregimet i retning af en aftale. På den ene side udgjorde det ydre pres en stor risiko

---

[31] Fx indvilligede daværende præsident Hafiz al-Assad i at deltage i amerikanskinitierede fredsforhandlinger med Israel i årene efter koldkrigsafslutningen, da Syrien havde mistet sin sovjetiske stormagtsallierede og var meget svækket, og senere, umiddelbart efter 9/11-angrebene i 2001, i at dele efterretninger med USA, som man nu havde et meget anspændt forhold til, men ikke ønskede at udfordre på terrorområdet.

for regimet, hvis det nægtede udlevering. På den anden side kunne regimet, hvis det i øvrigt blev ladt i fred, formentlig selv bekæmpe oprøret. Dette krævede en aftale om de kemiske våben. Og våbnene var ikke af den bedste beskaffenhed, hvilket styret var klar over. Tabet var måske derfor ikke så stort set i lyset af de militære krav i borgerkrigen.

Operation RECSYR

På basis af den russisk-amerikanske aftale, enedes FN's Sikkerhedsråd den 27. september 2013 om resolution 2118, der bekræftede Syriens integritet, men krævede de kemiske våben destrueret. Gennem forhandlinger med Syrien lykkedes det at få nedsat en taskforce og lavet en plan for fjernelsen og destruktionen af den kemiske kapacitet.

Den første del af missionen gik ud på at kortlægge, hvor mange og hvilke våben der var tale om, hvor de befandt sig, hvordan de skulle destrueres samt i hvilken rækkefølge. Dette foregik i samarbejde med det syriske regime og forløb, ifølge OPWC, tilfredsstillende, selv om tidsplanen i flere tilfælde måtte udvides. Det er imidlertid vigtigt at bemærke, at deklarationen af våben i sidste instans beror på det syriske regimes oplysninger, om end for større faciliteters vedkommende også på efterretningsmæssige oplysninger. Der er dermed ikke nogen garanti for, at regimet deklarerede alt, eller at oprørere ikke fortsat kan fremstille primitive kemiske våben selv.

Et eksempel på dette er, at det i slutningen af august 2014 blev sandsynliggjort i en FN-rapport, at det syriske regime i begrænset omfang havde brugt kemiske våben i form af klorgas mod civile i foråret 2014 (United Nations, 2014). Klorgasser var ikke omfattet af deklarationsforpligtelsen, da klor også anvendes industrielt. Klorgasepisoderne bekræftede alligevel mistanken om, at al-Assadregimet ikke havde deklareret alt (BBC, 2014), og selv om klorgasser ikke indgik i aftalen, var det alligevel forbudt for regimet at bruge dem ifølge den konvention, regimet selv havde underskrevet.[32]

Den næste del af missionen var at fjerne og destruere våben og materialer til endnu ikke våbengjorte kapaciteter. Operation RECSYR (*Recovery of Chemical Agents from Syria*) blev ledet af Danmark og bestod i første omgang af to støtteskibe, det danske Esbern Snare og det norske Helge Ingstad, og to fragtskibe, det danske Ark Futura og det norske Taiko. USA skulle stå for destruktionen, der skulle foregå til søs og i en italiensk havn samt på en britisk base. Senere blev der udvidet med britiske, russiske og kinesiske skibe.

Det danske folketing traf beslutning om Danmarks bidrag til FN's og OPCW's mission i Syrien den 19. december 2013 (Folketinget, 2013). Ifølge den første plan skulle de syriske våben være ude i starten af 2014. Der opstod nogle mindre forsinkelser på grund af vanskeligheder med at få våbnene transporteret ud til havnebyen Latakia i den generelt

---

[32] I efteråret 2013 tilsluttede Syrien sig Konventionen om Kemiske Våben i forbindelse med aftalen om udlevering.

dårlige sikkerhedssituation og kamphandlinger omkring forbindelsesvejene, men også dårligt vejr og logistiske problemer spillede ind.[33] Forsinkelserne betød, at fristen blev rykket til midten af 2014, og i august 2014 udtalte OPCW, at alle de farligste (officielt deklarerede) kemiske våben var blevet destrueret.

Mens Operation RECSYR stod på, udviklede der sig en krise i Ukraine. Den førte til, at Rusland annekterede Krimhalvøen, og at separatister i det østlige Ukraine indledte væbnet kamp. Krisen betød, at det generelle forhold mellem Rusland og Vesten blev stærkt forværret, og NATO's generalsekretær, Anders Fogh Rasmussen konstaterede, at Rusland ikke længere så NATO som en partner, som men som en modspiller.

Det interessante er, at samarbejdet om at fjerne og eliminere de syriske kemiske våben fortsatte på vellykket vis. Operationen blev på den måde ikke direkte berørt af krisen i Ukraine.

Selv om der havde været amerikansk-russisk uenighed i de forudgående forhandlinger, fungerede samarbejdet. Ifølge RECSYR's danske operationelle styrkechef, flotilleadmiral Torben Mikkelsen, gik samarbejdet med den russiske flådestyrke godt og som aftalt på et møde i Moskva i december 2013 (Forsvarsavisen, 2014; 4). Om det interne samarbejde i den danskledede del af operationen udtalte

---

[33] Den amerikanske 'ambassadør' i OPCW, Robert Mikulak, gav udtryk for, at det også var op til det syriske regimes indsats at få bugt med forsinkelserne (Soley, 2014).

admiral Mikkelsen efter en afhentning af materiale: "Jeg kan konstatere, at samarbejdet forløber gnidningsfrit" (Søværnets Operative Kommando, 2014).

Talemåden 'the proof is in the pudding' dækker også forløbet. Trods praktiske vanskeligheder, forsinkelser og sikkerhedsmæssige udfordringer som følge af den igangværende borgerkrig lykkedes det i juni 2014 at få de sidste af de deklarerede våben ud af Syrien, og i august 2014 var disse blevet destrueret.

Konsekvenser

Man kan drage en række konklusioner af forløbet om de syriske kemiske våben og disses destruktion.

For det første, at kemiske våben betragtes som så vigtige af store magter, at de kan føre til samarbejde mellem disse på trods af konflikter på andre områder. Rusland og USA samarbejdede herom, selv da den ukrainske krise skærpedes, Kina bidrog med overvågning, Storbritannien sendte et støtteskib og indgik sammen med USA, Tyskland og Finland i destruktionen, som Italien lagde havn til, og selv en mindre stat som Syrien blev inddraget – under stærkt pres – i samarbejdet.

For det andet, at partnerne fik forskelligt ud af samarbejdet ud over selve destruktionen. Rusland vandt magtkampen om den måde, som indsatsen skulle foregå på. Dermed undgik Rusland en yderligere 'amerikanisering' af Mellemøsten og fandt en plads i det internationale diplomati. USA vandt gennemførelsen af en af sine vigtigste prioriteter i koldkrigseftertiden, nemlig begrænsningen af masseødelæggelsesvåben, og undgik at måtte bære omkostningerne ved endnu en militær operation. Præsident al-Assad i Syrien fik også en stor gevinst: Det lykkedes hans regime at bevare magten i en særdeles kritisk situation ved at udlevere de kemiske våben.

Der var også tabere i forløbet. De største tabere var naturligvis ofrene for brugen og dernæst syriske liberaldemokrater, der måtte se præsident al-Assad forblive ved magten og fortsætte undertrykkelsen. Desuden tabte USA formentlig noget troværdighed som følge af præsident Obamas noget slingrende udtalelser om indgriben og af nedtoning af viljen til at støtte de enkelte staters demokratiseringsproces i Mellemøsten.

FN fik cementeret sin rolle som dybt afhængig af de store og uden egen handlekraft. Trods vedblivende modstand mod kemiske våben og hårde fordømmelser af angrebet i Ghouta skete der først noget, da både USA og Rusland ud fra egne interesser kunne enes om et udspil – der derefter blevet overgivet til FN.

Danmark spillede en vigtig rolle i udførelsen af RECSYR og havde den overordnede ledelse. I et dansk perspektiv var dette en stor succes, da operationen var vellykket, samarbejdet fungerede, og indsatsen, den første af sin art, viste, at Danmark havde den fornødne kapacitet og kompetence.

Fjernelsen og destruktionen af den deklarerede syriske kapacitet hjalp ikke oprørssiden i den syriske borgerkrig, hvor op mod 200.000 mennesker var blevet dræbt, da missionen var tilendebragt. Til gengæld bidrog missionen til at fastholde den internationale norm om, at kemiske våben ikke må spredes eller bruges, og derved til på længere sigt forhåbentlig at reducere risikoen herfor.

Litteratur

Associated Press (2013) 'Syria: Assad officials say "we don't need to use chemical weapons"', *The Telegraph*, 26.04.2013. http://www.telegraph.co.uk/news/worldnews/middleeast/syria/10021095/Syria-Assad-officials-say-we-dont-need-to-use-chemical-weapons.html (Sidst tilgået 30.08.2014).

BBC (2014) 'Last of Syria's chemical weapons shipped out', BBC.com, 23.06.2014. http://www.bbc.com/news/world-middle-east-27974379 (Sidst tilgået 30.08.2014).

CNN Wire Staff (2012) 'Obama warns Syria not to cross "red line"', CNN.com, 21.08.2012. http://edition.cnn.com/2012/08/20/world/meast/syria-unrest (Sidst tilgået 05.06.2013).

Folketinget (2013) *B 29 Forslag til folketingsbeslutning om dansk bidrag til FN's og OPCW's mission i Syrien*, ft.dk. http://www.ft.dk/samling/20131/beslutningsforslag/b29/index.htm (Sidst tilgået 30.08.2014).

Forsvarsavisen (2014), 3 (juni). København, Forsvarskommandoen.

Gladstone, Rick og Eric Schmitt (2013) 'Syria Faces New Claim on Chemical Arms', *The New York Times*, 18.04.2013. http://www.nytimes.com/2013/04/19/world/middl eeast/Syria.html (Sidst tilgået 06.06.2013).

Hall, Richard (2013) 'UN's Carla Del Ponte says there is evidence rebels "may have used sarin" in Syria', *The Independent*, 06.05.2013. http://www.independent.co.uk/news/world/middle -east/uns-carla-del-ponte-says-there-is-evidence-rebels-may-have-used-sarin-in-syria-8604920.html (Sidst tilgået 30.08.2014).

Hansen, Birthe (2000) *Nye våben i Syd*. København, Dansk Udenrigspolitisk Institut.

Hansen Birthe (2000) *Unipolarity and the Middle East*. Richmond, Curzon.

Haselkorn, Avigdor (1999) *The Continuing Storm*. New Haven, Yale University Press.

Hinnebusch, Raymond A. (2003) *The International Politics of the Middle East*. Manchester, Manchester University Press.

IAEA (2011) 'Implementation of the NPT Safeguards Agreement in the Syrian Arab Republic', 24.05.2011. http://www.iaea.org/Publications/Documents/Boar d/2011/gov2011-30.pdf (Sidst tilgået 30.08.2014).

Landler, Mark (2013) 'Chemicals Would Be "Game Changer" in Syria, Obama Says', *The New York Times*, 20.03.2013. http://www.nytimes.com/2013/03/21/world/middl

eeast/syria-
developments.html?pagewanted=all&_r=0,   (Sidst
tilgået 30.08.2014).

Security Council Report (2013) ' In Hindsight: The
Veto',   31.10.2013.
http://www.securitycouncilreport.org/monthly-
forecast/2013-11/in_hindsight_the_veto.php   (Sidst
tilgået 30.08.2014).

Soley, Joan (2014) 'US 'concern' at Syria Chemical
Weapons delay', *BBC News*, 30.01.14

http://www.bbc.com/news/world-middle-east-
25968616 (Sidst tilgået 30.09.2014).

Søværnets Operative Kommando (2014) 'Anden last
af kemiske stoffer afhentet i Latakia', 27.01.2014

http://forsvaret.dk/SOK/Nyt%20og%20Presse/intern
ationalt/Pages/2014-01-27.aspx

(Sidst tilgået 30.09.2014).

United Nations (2014) *Report of the independent
international commission of inquiry on the Syrian
Arab   Republic*,   13.08.2014.
http://www.ohchr.org/Documents/HRBodies/HRCo
uncil/ColSyria/A.HRC.27.60_Eng.pdf   (Sidst   tilgået
30.08.2014).

USA's sikkerhedspolitiske vision under Trump[34]

Hvordan ser USA sin egen rolle i verden, og hvilke sikkerhedsproblemer skal løses? USA's Nationale Sikkerhedsstrategi er kun en enkelt kilde til svaret på dette, men det er en vigtig kilde. Der er betydelige ændringer i den nye strategi, men den fastholder et syn på USA som verdens mest magtfulde aktør.

I Den Nationale Sikkerhedsstrategi (NSS18) præsenterer den amerikanske regering sine overordnede sikkerhedspolitiske overvejelser og mål. Den sender dermed signaler om prioriteringer, og om hvordan USA opfatter både sig selv og andre. Strategien har hidtil været flagskibet i USA's forsøg på lede verden, og derfor er det aktuelle strategidokument, der blev lanceret lige før jul, af stor interesse.

NSS18 udtrykker både stabilitet og forandring, større vægt på USA's nationale interesser, og siger en del om USA's egen forståelse af sin internationale rolle. Nu ligger det jo uden for selv USA's muligheder at styre verdens gang, og det har hidtil vist sig, at landets sikkerhedspolitik i høj grad bestemmes af, hvad der sker ude i verden. Præsidenter har tidligere måttet gøre det modsatte af, hvad de gik til valg på.

---

[34] Denne tekst blev bragt under titlen 'Hvad vil Trump bruge USA's enorme magt til? ' i *Politiken* den 18. januar, 2018. Den udgør undtagelsen fra reglen om, at denne bogs tekster er taget fra faglige (til forskel fra formidlende) publikationer. Den overlapper med teksten 'USA's nationale ferskvandsstrategi' i bogen *Opbrud i Mellemøsten*, 2020.

George W. Bush, fx, ville helst satse på indenrigspolitikken, men endte med at føre to krige efter 9/11. Så visionerne i strategipapiret kan komme til kort.

Alligevel er det et vigtigt dokument, og man kunne forvente, at der ville være nyheder. Ikke kun på grund af den nye præsident, men også på grund af verdenssituationen. USA har stadig en førerposition målt på sin samlede styrke i forhold til andre, men Kina er blevet økonomisk stærkere og mere selvbevidst, mens Rusland er ud til bens i sit nærområde og Mellemøsten. Samtidig er Trumps vælgere utilfredse med den hidtidige linje. Endelig bobler det med borgerkrige, stater, der kører frihjul, og andre problemer. Tilsammen tilsiger dette politikændringer i et vanskeligt manøvrerum.

Det *første* spørgsmål handler om USA's plads verden: Satser USA fortsat på at spille rollen som enesupermagt, er Donald Trumps regering blot i gang med at justere udenrigs- og sikkerhedspolitikken, eller er man simpelthen på retræte?

I NSS18 omtales Kina og Rusland som revisionistiske stater, der udgør egentlige 'udfordringer', hvilket er en opgradering af dem som rivaler til en højere status. De har tidligere været omtalt mere neutralt, og man kan tolke den nye omtale som en erkendelse af, at USA skal sætte ind i forhold til dem for at bevare sin position – og nu udtrykker dette åbent i verdensoffentligheden.

Det er måske ikke så sært, at Rusland er blevet 'forfremmet' til at være en egentlig udfordring efter annekteringen af Krim og fremfærden i Syrien. Især ikke, når man tager Ruslands atomslagstyrke i betragtning. Til gengæld kan det undre lidt mere, at Rusland er sat på linje med Kina, der på længere sigt for alvor kan udfordre og underminere USA's position i verdenspolitikken, mens Rusland mere er en regional sten i skoen set fra Washington. Rusland er økonomisk og politisk for svag til at være en egentlig rival til en supermagtsstatus. Alligevel skal der holdes snor i Rusland og dets offensive fremfærd skal bekæmpes af hensyn til USA's troværdighed over for både allierede og modstandere regionalt. Ellers vil man tabe for meget, selv om det, man taber, er af mindre betydning i sig selv.

Selv om Kina og Rusland er blevet opgraderet i prioritet og omtales som 'udfordringer', hvilket er en skærpelse, omtales de dog stadig ikke som eksistentielle trusler!

"Indo-pacific"-regionen opgraderes ligeledes, men som partner. Indien er kommet med i toppen af nøgleområder for USA og ses sammen med bl.a. Japan og Australien som vigtig i bestræbelserne på at begrænse Kinas magt. Mange har gennem årene kritiseret USA for at lægge for lidt vægt på Indien, og nu er dette ændret. Indien er i NSS18 blevet sidestillet med Kina som fokusområde, men på den omvendte måde.

Til gengæld nedprioriteres Mellemøsten strategisk. Regionen er stadig med på listen over nøgleområder, men er nu nedgraderet til en uspecificeret tredjeplads. Dette afspejler en erkendelse af, at USA ikke p.t. skal prioritere at sprede orden i en urolig region, der har mistet status, men vil koncentrere sig om udfordringer mod USA's position.

I forhold til de overordnede linjer kan man sige, at NSS18 udtrykker, at USA begrænser ambitionerne om at ville sprede sit projekt og rydde op i verden til fordel for at holde opkomlinge nede. Men man har ikke givet op, og man vil fortsat blande sig.

Det *andet* spørgsmål handler så om, hvilke konkrete internationale problemer, man prioriterer at ville blande sig i. Her sætter USA sig selv mere eksplicit 'først' end tidligere, når det gælder selve håndteringer. De allierede skal bidrage mere og bære større byrder, så de kan bevise deres værd. Økonomi vægtes højt, og f.eks. skal USA stilles bedre i de direkte handelsaftaler frem for at skabe et generelt gunstigt miljø for USA's og verdenshandelen.

Desuden fremhæves en række temaer og trusler, der skal gøres noget ved. Blandt disse er Nordkorea, jihadister, øvrig organiseret kriminalitet, angreb med masseødelæggelsesvåben, cyberangreb, samt katastrofer.

Det er naturligt i lyset af den aktuelle udvikling, at Nordkorea, cyberangreb og organiseret kriminalitet har fået en så høj prioritet. Nordkorea har gennemført atomprøvesprængninger, udført missiltests og fremsat trusler. Udviklingen af cyber-midler har taget fart og udgør et voksende problem. Den organiserede kriminalitets osmose med cyberangreb og terrorisme vækker også stor bekymring.

Truslen fra *spredning* af masseødelæggelsesvåben er imidlertid blevet erstattet med truslen fra *angreb* med disse. Det er ikke nødvendigvis et tilbagetog, hvor USA har opgivet at stoppe spredning. Det er snarere en erkendelse af, at angrebstrusler er blevet risiko, som er mere påtrængende og derfor bør vægtes højere.

Klimaet er til gengæld ikke med som en stor udfordring. Dette er i modsætning til den forrige strategi, men helt i tråd med Trumps politik, herunder dekret om udtræden af Paris-aftalen.

Militæret skal styrkes. Strategipapiret går ikke i detaljer hermed, da den militære dimension efter traditionen omtales i et andet papir, i den nationale militære strategi. Det fremgår dog, at USA skal kunne være overlegen, sikre sine grænser, og modernisere sin atomslagstyrke, så den imødekommer fremtidige behov. Beskyttelse af USA's befolkning og grænser fremhæves.

Gennem strategidokumentet ser man i stedet, at der lægges stor vægt på økonomien, og først og fremmest på den amerikanske. Fx står der, at "America will no longer tolerate chronic trade abuses". Dette er en usædvanlig stærk formulering – at USA decideret opfatter sig som udnyttet i handelsforhold. Dette er givetvis en hilsen til Trumps vælgere, der formentlig har følt sig glemt under Obamas store armbevægelser om fred og religiøs samdrægtighed. Pointen er således forskellig fra formuleringerne i tidligere sikkerhedsstrategier, men helt i tråd med Trumps hidtidige meldinger.

Det *tredje* spørgsmål til den nye sikkerhedsstrategi handler om, hvilke signaler, der sendes om USA's plads i verden. Det har længe været diskuteret, både i Danmark og internationalt, om USA har givet op som enesupermagt og er blevet udmanøvreret af især Kina. I givet fald vil man forvente, at strategien fremstår som et retrætedokument, hvor USA giver udtryk for formindskede ambitioner. Og hvor USA's allierede skal overveje, hvem der får et dødskys, som da Sovjetunionens Mikhail Gorbatjov besøgte sin østtyske ven Erich Honecker i 1989 – og afskrev ham. Omvendt er det er dog langt fra alle, der har afskrevet USA endnu, og i givet fald kan man kigge efter, om strategipapiret giver udtryk for USA's stilling som hidtil. Eller, som en midlertidig løsning på en mindre krise, om der er elementer af at ville vinde tid og trække sig lidt hjem, mens man i stedet investerer i fremtiden. Langt hen ad vejen kan man sige, at dette var, hvad præsident Clinton gjorde (når han havde tid) i 1990'erne. Han satsede på at reparere de amerikanske budgetter efter den kolde krig, og samtidig begrænsede han USA's internationale engagement. F.eks. i forhold til Rwanda.

Der er ikke noget i den aktuelle sikkerhedsstrategi, der udtrykker, at USA har givet op, eller prøver at placere sig på en helt ny måde. Det fremhæves stadig, at USA skal fremme sine værdier, hvilket vil være godt for hele verden, og at USA som økonomisk lokomotiv kan sprede velstand til flere. Ovenikøbet er der mere vægt på USA som leder, end Trump hidtil har givet udtryk for – dog ikke så meget, som i de forrige strategier. Grunden til, at det amerikanske militær skal styrkes, er, ifølge strategien, at det skal sikre USA's stilling som 'second to none'.

Amerikanske værdier skal spredes, fremgår det. Vægten lægges således på 'amerikanske', og fremstilles mindre visionært end i de forrige versioner. De fremstilles imidlertid som stort set de samme med vægt på bl.a. demokrati og menneskerettigheder; de er blot i højere grad blevet fremstillet som 'amerikaniserede' værdier.

Til gengæld giver strategipapiret udtryk for, at USA har mistet noget forspring. USA skal 'genskabe sine fordele', 'genskabe respekten' for USA, og gøre USA mere robust.

Disse formuleringer tyder på, at USA stadig opfatter sig selv som ledende, men i en lidt mindre udgave, hvor der skal ydes mere for at være på forkant. Der skal vindes tid, og blikket skal vendes mere indad. Dette skal sammenholdes med, at strategidokumentet ikke så eksplicit omtaler USA's globale lederskab, som det er blevet gjort i tidligere strategier.

Den Nationale Sikkerhedsstrategi er jo i princippet kun skrift og tale, selv om den er en vigtig kilde. Alligevel skal den selvfølgelig vurderes i forhold til USA's handlinger. Og under præsident Trump er de stadig inkonklusive. På den ene side tyder hensigterne om at ville investere massivt i amerikansk infrastruktur, at gøre USA mere robust, og katastrofesikring på, at man vil styrke USA. På den anden side

tyder presset på de mindre privilegerede amerikane-
re i form af sygesikringsproblematikken og skattere-
formen på, at Trump-regeringen risikerer at tabe en
talentmasse på gulvet, der kunne have bidraget til at
styrke USA på længere sigt. Og udmeldingerne til en
række befolkningsgrupper hjemme i USA risikerer at
udfordre den amerikanske sammenhængskraft, der
også er en vigtig international konkurrenceparame-
ter.

Betragtningerne om, at der skal lægges pres på an-
dre lande, for at de skal yde mere, er set før, men nu
forstærkes de. Præsident Trump ønsker ikke, at an-
dre skal ligge i ly af den hidtil relativt fredelige ver-
densorden og bygge sig selv op på USA's bekostning.
Spørgsmålet er så, om hans regering kan finde en
passende balance: Hvis USA holder for meget igen
med 'omkostninger' og indsatser, kan problemerne
vokse sig så store, at USA ikke længere kan gøre sig
gældende, og andre kan vinde frem på USA's be-
kostning. Det skete i Mellemøsten, hvor Rusland
vandt frem (og formentlig også andre steder), da
Barack Obama løb fra sin røde linje og løftet om at
gøre noget seriøst, da der blev brugt kemiske våben
i Syrien.

I det hele taget begyndte indskrænkningen af USA's
internationale lederskab under præsident Obama –
mest markant med den tøvende politik i forhold til
borgerkrigen i Syrien. Der var mange gode grunde:
manglen på støtte på jorden og partnere, efterdøn-
ninger fra finanskrisen, krigstræthed i USA efter
Bush-regeringernes krige i Afghanistan og Irak. Ikke
desto mindre betød Baracks Obamas politik, at

USA's troværdighed blev formindsket, og at andre drog fordel af politikken til selv at vinde frem.

Trump-regeringen fører i papiret den linje endnu længere ud, og gør det med
en mere direkte sprogbrug. Trumps politik, som den fremstår i strategipapiret, afspejler imidlertid en enesupermagts evige dilemma som nævnt oven for. Fører man sig for meget frem, er det dyrt, og man får uvenner. Holder man sig for meget tilbage, mister man indflydelse til andre. Det kan være fornuftigt at vende blikket indad i en periode for at spare op og 'genskabe' sin styrke til senere brug.

Da præsident Clinton forsøgte at finde den grænse i 1990'erne, befandt USA sig i et gunstigere internationalt klima. Hvis Trump skal finde grænsen, stiller det store krav til både, hvad der sker internationalt, og til, om USA kan præsentere nogle konkrete politikker, der kan fylde overskrifterne i NSS18 ud.

Det største problem i det aktuelle strategidokument er formentlig USA's forhold til sin egen lederrolle. Der er udsagn om udfordringer, som det jo er meningen, der skal være. Men der mangler positive udsagn om, hvor USA ønsker, at verden skal hen, og dermed en vision kan deles og diskuteres. Og som ville løfte strategipapiret til et, der kom fra en *ledende* supermagt.

USA er allerede i løbet af en årrække gået fra at være en ubetinget overmagt, der kunne brede sine idealer, til at være en magt, der skal bevare sin position og prioritere dette. Alt i alt afspejler den nye

Nationale Sikkerhedsstrategi et USA som enesuper-
magt, der vil genvinde tabt terræn og genopbygge
sit styrkeforspring.

Trump på udebane[35]

Man kan næppe forestille sig to mere forskellige amerikanske præsidenter end Barack Obama og Donald Trump. Det gælder både deres fremtoning, stil og taktik. Til gengæld er forskellene på deres udenrigspolitiske mål måske ikke så store, som det umiddelbart kunne se ud.

Formålet her er at se på, i hvilket omfang præsident Trump har ændret den amerikanske udenrigs- og sikkerhedspolitiske kurs i løbet af perioden fra hans tiltrædelse i starten af 2016 til midten af 2018, hvor den næste valgkamp for alvor gik i gang. Hvad er nyt i forhold til Obama-regeringens politik, og er det nye udtryk for en særlig trumpisme?

Præmisserne er, at USA stadig må betragtes som enesupermagt (Brooks & Wohlforth, 2016), at det absolutte styrkeforspring til potentielle rivaler er blevet reduceret siden koldkrigsafslutningen og de fede tider under Bush, Sr., og Bill Clinton, samt at andres *free-riding* er en stor udfordring for USA (Hansen, 2011). For magter på vej op, kan det være en fordel at lade enesupermagten løse større pro-blemer og sikre stabilitet i omgivelserne, mens man selv bygger op og tager de fordele, der måtte kom-me. Omvendt har enesupermagten selv nogle stra-tegiske muligheder for at begrænse styrkeforskyd-

---

[35] Teksten blev oprindeligt udgivet i *Samfundsøkonomen* (2019), nr. 3.

ningen. Det kan være frontforkortninger/neddrosling af ydre engagement, begrænsning af andres free-riding, og/eller opbygning af egne kapabiliteter.

Udviklingen i de internationale styrkeforhold, især Kinas øgede indflydelse på verdenspolitikken, og dermed USA's position på længere sigt, har naturligvis i stigende grad bekymret amerikanske politikere. Håndteringen heraf har været genstand for stor debat[36], og justeringer af den amerikanske kurs har ført til interne magtkampe, der er blevet tydeliggjort efter tiltrædelsen af Donald Trump som præsident.

Allerede under præsident Obama blev der påbegyndt en omlægning og begrænsning af det ydre engagement, men i de to første år under præsident Trump ser det ud til, at begrænsningen er fortsat – dog uden en modsvarende hjemlig indsats for at styrke USA's magtbase på længere sigt. Dette kunne f.eks. ske gennem styrkelse af den nationale sammenhængskraft, robustgørelse gennem nedbringelse af budgetunderskud, eller langsigtede investeringer i befolkningens sundheds- og uddannelsestilstand. Enkelte tiltag har fundet sted, men hidtil ikke som koordineret eller omfattende indsats.

---

[36] Debatten er ikke ny, og den er også en klassiker i den akademiske litteratur. For eksempel skrev Samuel Huntington allerede i 1993, at hvis der ikke skete en kursændring, ville USA få status som et 'gigantisk Danmark' (Huntington 1993: 81). Ligeledes har der løbende været argumenteret for, at USA burde nedbringe sit dyre internationale engagement og lade de allierede bære større byrder. Perspektivet ses bl.a. hos Gholz m.fl. (1997), Schweller (2018) og Walt (2018).

Her ses alene på Trump-regeringens udenrigs- og sikkerhedspolitik (ikke på indenrigspolitikken), og kun på dens udmeldinger og handlinger (ikke på dens stilistiske særtræk).

Fra Obama til Trump

Det er en løbende udfordring for USA at balancere sine ressourcer mellem at holde 'opkomlinge' på afstand, indgå i international problemløsning, sikre forholdet til sine allierede og udvise lederskab – i hvert fald, hvis man ønsker at bevare sin position. Det er da også områder, der har været centrale for både Obamas og Trumps regeringer.

Kina og Rusland

I det overordnede billede af udfordringerne mod USA's position er Kina og Rusland de nærmeste rivaler. Kina på grund af økonomiske vækst og styrke, Rusland på grund af sin status som atommagt med andetslagsevne, og begge på grund af deres destabiliserende politik det seneste tiår.

Både under Obama- og Trump-regeringerne har det været en udfordring for USA at forholde sig til Kinas aktivitet i Østasien, samtidig med at få Kina til at bidrage til den globale problemløsning. Obama-regeringen udtrykte bekymring over Kinas militære modernisering, men fremhævede også, at omfanget af samarbejde med Kina var historisk stort (NSS

2015:3[37]), og at målet var at udvikle et konstruktivt forhold (NSS 2015:24). På handlingsniveauet var der en række mindre frem- og tilbageskridt i forholdet med bl.a. en mindre bilateral klimaaftale om driv-husgasser og enighed om, at Moammar Gadaffis styre i Libyen burde stilles for den internationale domstol på den ene side. På den anden side var der skarp amerikansk kritik af Kinas tiltagende territori-alkrav i Det Sydkinesiske Hav samtidig med, at USA forsøgte på at dæmpe spændingerne mellem Kina og Japan (Christensen 2015).

Obama-regeringen mærkede også presset fra Kinas økonomiske vækst og større politiske selvbevidsthed i Østasien. Et stort initiativ var skabelsen af *Trans-Pacific Partnership* (TPP), en frihandelsaftale mellem 12 lande på tværs af Stillehavet. TPP skulle imødegå Kinas øgede indflydelse i Asien og blev vedtaget, men manglede ratificering. Obama-regeringen ind-bragte også en række sager for WTO og klagede over eksportrestriktioner, og vicepræsident Joe Bi-den omtalte regeringens økonomiske politik over for Kina som 'mere aggressiv' end 'nogen tidligere rege-rings'[38].

Under Trump-regeringen har udmeldingerne været, at Kina (og Rusland) udfordrer den amerikanske magt (NSS 2017:2) og vil skabe en verden, der er en

---

37

https://obamawhitehouse.archives.gov/sites/default/files/docs/2015_national_security_strategy.pdf.

38   https://ustr.gov/about-us/policy-offices/press-office/press-releases/2016/july/united-states-challenges-china's

'antitese' til amerikanske værdier og interesser (*Ibid*.:35). Efter Trumps indsættelse som præsident var en af hans første handlinger at trække USA fra TPP. Herefter fulgte et forsøg på at få en direkte aftale med Kina om at reducere det amerikanske underskud på handelsbalancen. Forhandlingsoplægget havde karakter af en liste med håndfaste krav[39], herunder at Kina skulle reducere det amerikanske underskud med 100 milliarder i løbet et år, og at Kina ikke måtte indbringe aspekter for WTO eller tage andre modforanstaltninger. Da forsøget ikke faldt tilfredsstillende ud, blev toldsatserne mod Kina hævet med 25% i sommeren 2018, og USA fortsatte med at lægge pres på den kinesiske regering på baggrund af argumenter om, at Kinas handelsoverskud baserede sig på ufine metoder og var til skade for amerikanske arbejdere.

Både Obama- og Trump-regeringerne var således bekymrede over Kinas økonomiske styrke og ønskede at reducere handelsunderskuddet. Obama-regeringen prøvede primært at håndtere udfordringen gennem en økonomisk modalliance og gennem WTO, mens Donald Trump valgte at konfrontere Kina direkte, især med den ekstra told.

Styrkeprøven i 2018 med Nordkorea var forbundet med Kina-politikken og USA's indflydelse i Østasien. USA har både tidligere og under præsident Trump forsøgt at få Kina til at spille en rolle i forsøget på at tæmme den nordkoreanske atompolitik og modgå

---

[39]

http://xqdoc.imedao.com/16329fa0c8b2da913fc9058b.pdf

dets provokationer i nærområdet. I april 2018 sendte Nordkorea et ballistisk missil ud over Det Japanske Hav, hvilket blev starten på en måneder lang intens og eskalerende politisk konflikt, hvor Nordkorea tidligt i forløbet truede mod en amerikansk indblanding, og hvor Donald Trump i september 2017 talte om en eventuel gengældelse. Konflikten endte med, at Nordkorea i denne omgang bakkede ned, og der blev afholdt et topmøde. Også her blev Obama-regeringens mere stilfærdige pres afløst af direkte krav til Nordkorea.

Den anden – om end generelt set svagere – potentielle rival, er Rusland. Tidligt i Obama-regeringens første periode gav den Rusland mulighed for at starte på en frisk og præsenterede sin *'reset'*-politik. Barack Obama opfordrede Rusland til multilateralt samarbejde (også i forhold til Ruslands naboer)[40] og strakte en hånd frem. Forholdet mellem Rusland og USA havde i årene forinden været belastet efter den korte krig i Georgien i august 2008. USA havde før krigen arbejdet for et muligt georgisk NATO-medlemskab, men efter krigen blev denne mulighed reelt taget af bordet. *Reset*-politikken fik dog aldrig luft under vingerne, og i Obama-regeringens anden periode blev forholdet atter nedkølet. Dels da Rusland i 2014 annekterede Krim, hvorefter USA indførte sanktioner, dels på grund at den russiske militære støtte til præsident Asad i Syrien. *Reset*-politikken lykkedes således ikke, men blev i stedet en test af, hvad det russiske lederskab satser på.

---

[40]

https://wwww.theguardian.com/world/2009/Jul/07/barack
-obama-russia-moscow-speech

Billedet er endnu mere blandet, når det drejer sig om Trump-regeringens Ruslands-politik. Rusland blev omtalt som modstander i den amerikanske strategi, men præsident Trumps politik har været både imødekommende og afvisende. Imødekommende ved, at USA tilsyneladende har affundet sig med Ruslands annektering af Krim og involvering i det østlige Ukraine, selv om USA opretholder omfattende økonomiske sanktioner. Ligeledes har USA fortsat givet Rusland nærmest frie hænder til fortsat at sikre Asad-styret i Syrien.

Kongressen dog været stærk kritisk over for russisk indblanding i den amerikanske valgkamp (en fortsat affære, der også har inddraget Donald Trumps egen rolle), og denne sag spiller fortsat en stor rolle i amerikansk indenrigspolitik. I forbindelse med gift-attentatet mod den tidligere agent Sergej Skripal og dennes datter i England i marts 2018, udviste USA 60 russiske diplomater og iværksatte sanktioner, og i oktober 2018 varslede Trump, at USA ville trække sig fra INF-aftalen om mellemdistanceraketter fra 1987. Udmeldingen blev begrundet med, at Rusland ikke opfylder traktatens forpligtelser, og sikkerheds-rådgiver John Bolton fulgte op med, at traktaten er forældet, da den ikke omfatter Kina. Rusland rettede ikke op på den manglende opfyldelse, og traktaten ophørte derfor i august 2019.

Indtil videre synes der ikke at være den store forskel på Obama- og Trump-regeringernes Ruslandspolitik. Obamas sanktionspolitik efter Krim og øvrige tiltag fortsætter. Opsigelsen af INF-aftalen er blevet begrundet med manglende russisk overholdelse, men

Trump har luftet muligheden for en ny aftale, evt. med Kina.

Mellemøsten

Det amerikanske engagement i Mellemøsten har traditionelt været stort i efterkrigstiden, og i 00'erne var engagementet omfattende med Krigen Mod Terror og Bush-regeringens forsøg på at sprede demokrati i regionen. Allerede præsident Obama gik imidlertid i gang med at nedprioritere indsatsen i regionen. Han var gået til valg på ikke at ville føre krige i lyset af de foregående invasioner i Irak og Afghanistan. I første omgang indledte han dog – under pres fra kongressen – to krige. Dels i Libyen, hvor USA muliggjorde en humanitær intervention ved at ødelægge Moammar Gadaffis-regimets tunge våben med missiler. Den militære indsats i Libyen blev dog herefter overladt til en koalition under FN. Dels mod ISIL, hvor indsatsen fik en høj prioritet. Terrornetværket havde i foråret 2014 havde erobret Iraks næststørste by Mosul og var begyndt at etablere statslignende strukturer i det område, netværket kontrollerede.

Senere, da borgerkrigen i Syrien udviklede sig, og der blev anvendt kemiske våben, trak Obama en 'rød linje', hvis en sådan anvendelse skulle gentage sig. Da kemiske våben atter blev anvendt – og anvendelsen atter blev tillagt Asad-styret, valgte Obama-regeringen imidlertid ikke at intervenere direkte. I stedet bidrog USA i samarbejde med Rusland, Danmark og en række andre lande til, at Asad-styrets officielt deklarerede kemiske våben blev destrueret.

I juli 2015 indgik præsident Obama på USA's vegne – sammen med de permanente medlemmer af FN's sikkerhedsråd, Tyskland og EU, en aftale med Iran om at annullere sanktioner mod Iran til gengæld for en begrænsning af den iranske uranberigelse. At forsinke det iranske atomprogram og at prøve at genintegrere Iran i verdenspolitikken blev således et centralt element i Obamas Mellemøstpolitik.

Fredsprocessen mellem Israel og palæstinenserne, der tidlige har været vigtig, blev holdt inden for de sædvanlige rammer under Obama, men stort set henlagt. Konflikten sank langt ned på to-do-listen.

Da der blev senere anvendt kemiske våben i Syrien, valgte Trump valgte at gengælde med et missilangreb på en syrisk flybase i 2017. Året efter, i april 2018 blev kemiske våben atter brugt, hvorefter USA sammen med UK og Frankrig bombede kemiske faciliteter. Til gengæld fortsatte Trump, som Obama, med at undlade at blande sig direkte i den syriske borgerkrig.

Præsident Trump foretog et markant brud med Obama-linjen i forhold til Iran. I maj 2018 erklærede Trump, at USA ville trække sig fra atomaftalen med Iran. Begrundelsen var, at aftalen struktur var dårlig og ikke ville kunne forhindre Iran i at udvikle atomvåben, og at verdens største statssponsor af terrorisme dermed ville blive atombevæbnet. Dertil kom, at siden aftalens indgåelse, havde den syriske borgerkrig gjort plads til iransk indblanding og væbnet aktivitet. De øvrige oprindelige medunderskrivere valgte at fastholde aftalen. I det følgende år udviklede der sig en krise med ordkrig og iransk tilbageholdelse af skibe.

Også i forhold til fredsprocessen foretog Trump-regeringen en ændring: USA gik i gang med at flytte sin ambassade fra Tel Aviv til det vestlige Jerusalem. Fredsprocessen havde været sat på pause under Obama, og pausen blev i store træk fortsat, men ambassadeflytningen var dels et signal til de palæstinensiske forhandlere – og andre – om, at der blev foretaget et ryk frem for en satsning på rammerne. Trump havde desuden stillet en større fredsplan i udsigt, men den materialiserede sig ikke.

I mellemøstpolitikken har der således været både kontinuitet og forandring på tværs af Obama og Trump. Begge havde nedkæmpelse af det ISIL-kontrollerede territorium som mål. Hverken Obama- eller Trump-regeringerne ønskede at intervenere direkte i den syriske borgerkrig, men begge var bekymrede for brug af masseødelæggelsesvåben. Fredsprocessen havde lav prioritet hos begge – dog har Trump forsøgt sig med ambassadeflytningen og antydninger at ville rykke balancen. Ved at opsige atomaftalen, har Trump foretaget en markant ændring i Iran-politikken. Hvor Obama satsede på at forsinke det iranske atomprogram og genintegrere Iran, har Trump øget indsatsen og givet udtryk for, at Iran dels skal forhindres i at få atomvåben, dels følge spillereglerne i regionen.

Byrdefordeling i NATO og NAFTA

Når det gælder 'egne rækker', dvs. USA's allierede, har USA både under Obama og Trump ønsket, at andre lande skulle bidrage mere til løsning af internationale problemer. Diskussionen om byrdefordelingen i NATO er en klassiker. Præsident Obama påtalte jævnligt problemet, og hans forsvarsminister, Robert Gates, sagde, at yngre amerikanske politikere måske ikke ville have incitament til at bevare NATO, hvis ikke de øvrige allierede øgede deres bidrag. NATO-landene vedtog således på 2014-topmødet i Wales 2014 en målsætning om at øge deres bidrag til 2% i løbet af en tiårsperiode.

Præsident Trump gik mere håndfast til værks og truede med at opgive allierede, der ikke opfyldte de vedtagne forpligtelser. NATO-landene vedtog efterfølgende på topmødet i Bruxelles i juli 2018[41] at øge og konkretisere indsatserne for at indfri 2%-forpligtelsen fra Wales.

Under sin valgkamp i 2008 var Barack Obama stærkt kritisk over for NAFTA, den nordamerikanske frihandelsaftale, som Bill Clinton havde indgået. Obama kaldte den 'ødelæggende' og en 'stor fejltagelse'[42], og begrundede sin skepsis med, at NAFTA kostede amerikanske jobs. Senere erklærede han sig åben over for en dialog og en genforhandling, og i den

---

[41]

https://www.nato.int/cps/en/natohq/official_texts_1566
24.htm

[42]

https://money.cnn.com/2008/06/18/magazines/fortune/
easton_obama.fortune/index.htm

sidste del af sin anden præsidentperiode satsede han i stedet på at erstatte den med TPP-aftalen[43].

Donald Trump kritiserede også NAFTA skarpt under sin valgkamp og begrundede ligeledes kritikken med, at NAFTA var skadelig for amerikanske jobs. Efter samtaler med den canadiske premierminister og den mexicanske præsident erklærede Trump dog, at han ville starte med at genforhandle NAFTA.

Både Obama- og Trump-regeringerne har givet udtryk for, at byrdefordelingen burde ændres, både i forhold til partnere og andre. Trump har taget mere direkte og ensidige skridt i forhold til at ændre forholdene, hvor Obama gik mere indirekte og multilateralt til værks. I det hele taget er det nye – indtil videre – især, at Trump-regeringen har anvendt nye måder til at nå målene på: det skal gå hurtigere, det skal siges mere direkte, og USA søger at demonstrere sin 'magt' gennem ensidige tiltag.

Lederskab

Siden koldkrigsafslutningen har USA officielt forpligtet sig på globalt lederskab i officielle udmeldinger som præsidentielle taler og væsentlige strategidokumenter. Omtale af lederskabet i sig selv har været en fast ingrediens, og præsident Obama omtalte blandt andet tre træk ved lederskabet: For det *før-*

---

[43] https://www.washingtonpost.com/news/post-politics/wp/2015/04/23/obama-defends-free-trade-push-to-supporters-this-isnt-nafta/?noredirect=on&utm_term=.ddc31a99efb8

ste, at det er op til USA at bidrage til en imødegåelse af verdens udfordringer, for det *andet*, at lederskab indebærer en klog brug af militære midler og at samle verden bag de rette sager, og for det *tredje*, at lederskab handler om eksemplets magt[44].

Indholdsmæssigt har USA har længe, og ikke mindst i tiden efter den kolde krig, forsøgt at udbrede værdier som menneskerettigheder, demokrati og markedsøkonomi.

Lederskab er formentlig det område, hvor forandringerne har været de største i Trumpregeringens første to år. International politik-disciplinens nestor, Kenneth Waltz, sluttede i sin tid sit hovedværk med en pointe om, at 'hvis de store ikke vil lede, kan de andre ikke følge' (Waltz, 1979: 210). Dette kunne også være overskriften på Trumps lederskab indtil videre.

I væsentlige taler og strategi-dokumenter har Donald Trump således nedtonet årtiers eksplicitte vægt på amerikansk lederskab. I sin State of the Union-tale fra 2018 nævner Trump således slet ikke 'lederskab', og det er svært at opdrive formuleringer her-

---

[44] " It's up to us, the United States of America, to help remake that system. Leadership means a wise application of military power, and rallying the world behind causes that are right. And that kind of leadership depends on the power of our example".
https://obamawhitehouse.archives.gov/the-press-office/2016/01/12/remarks-president-barack-obama--prepared-delivery-state-union-address

om i det hele taget. Indimellem har han lagt vægt på den amerikanske styrkeposition, f.eks. under besøget i Saudi Arabien i 2017, og da han offentligt diskuterede med Nordkoreas leder Kim Jong Un. Udmeldingerne har betonet styrke i forhold til konkrete amerikanske ønsker og krav, men ikke eksplicit forholdt sig til 'lederskab' eller givet dette et samlende indhold.

Det er naturligvis ikke overraskende, at Donald Trump har lagt vægt på USA's ønsker, da han både før, under og efter sin valgkamp har fremhævet Amerika først-princippet. Det er heller ikke overraskende, at en amerikansk præsident sætter USA's interesser i højsædet. Det er blot at sige 'udenrigspolitik' med andre ord, lige som andre lande også sætter sig selv først i deres udenrigspolitik. Det nye er, at dette gøres på et så eksplicit nationalt grundlag frem for på et grundlag, hvor USA anviser en vej for de øvrige stater. USA har som ledende supermagt en anden status end de øvrige stater: Amerikanske interesser er globalt forgrenede, og verdenspolitikken foregår i særlig grad på amerikanske præmisser. Derfor kan det være en fordel at varetage bredere brede og mere langsigtede hensyn end at gå efter de snævert nationale nettogevinster nu og her (Brooks og Wohlforth, 2016).

Lederskab kan naturligvis udvises på trods af begrænset italesættelse af selve fænomenet. Men Trump-regeringen har ikke udstukket en sammenhængende kurs, som venner og fjender kunne forholde sig til.

Et eksempel er de svingende signaler i forhold til NATO (Hershco 2016). Under sin valgkampagne betegnede Donald Trump NATO som 'forældet og dyr', mens han senere mente, at de NATO-allierede skulle 'betale mere', og kort efter, at han ikke var sikker på, at USA automatisk ville beskytte de NATO-allierede, hvis de ikke opfyldte deres økonomiske forpligtelser. Senere, efter NATO-topmødet i juli 2018, erklærede Trump, at han nu var 'tilfreds' med NATO, da han mente, at øgede bidrag var på vej. Set under ét var der nok et klart ønske om, de øvrige NATO-allierede skulle betale mere til NATO, men samlet set var der ikke en retning, som kunne følges, og udmeldingerne skabte derfor forvirring.

NATO-politikken er langt fra det eneste område, hvor Trump har givet forskelligartede udmeldinger. Også i forhold til Mellemøsten – f.eks. om USA's syn på en to-statsløsning som styrende princip i fredsprocessen mellem Israel og palæstinenserne, i forhold til Rusland – hvor Trump både har rost præsident Putin og i NSS18 udnævnt Rusland til modstander, og enegangen i forhold til en opsigelse af atomaftalen med Iran, der ellers var indgået med bred international deltagelse.

Når det gælder globalt lederskab, er det således nyt i Trump-regeringens første periode, at fænomenet i mindre grad omtales eksplicit, at der har været svingende signaler om kursen, og det helt indlysende: at Trump i langt mindre grad søger at fremstå som 'alles' leder, men eksplicit sætter USA først.

Radikalisering

Efter de første to år har Trump på det sikkerheds- og udenrigspolitiske område langt hen ad vejen fulgt de samme mål som Barack Obamas regering påbegyndte. Kursen er en forsigtig tilbagetrækning, hvor USA engagerer sig mindre i og prøver at holde omkostningerne nede ved international problemløsning, men sætter større fokus på konkurrencen fra Kina gennem forskellige initiativer. Man kan også argumentere for, at Obama-regeringen trak det amerikanske globale engagement tilbage til 'normalen', efter årene med George W. Bush-regeringens meget aktive politik (Brooks og Wohlforth, 2015). Indtil videre ser det ud til, at Trump-regeringen har radikaliseret den proces.

Radikaliseringen består for det *første* i, at Trump-regeringen retorisk er gået fra Obamas italesættelse af muligheden for et konstruktivt samarbejde med Kina, den nærmeste konkurrent, til den større vægt på, at Kina også er en modstander (selv om samarbejde ikke udelukkes). Kina-politikken udtrykker også, at Trump har fortsat Obamas større vægt på rival-fokus frem for generel problemløsning.

For det *andet* i, at Trump-regeringen har brudt med ledelsesstil-traditionen Obamas måder at forfølge målene på. Trump anvender usikkerhedsskabende træk frem for at satse på opslutning: man skal ikke kunne læne sig tilbage og satse på amerikansk engagement. Dette presser både partnere og modstandere, men svækker den amerikanske troværdighed. Desuden har bruger Trump i højere grad direkte pres, er mere konfrontativ, og satser på hurtigere tiltag.

For det *tredje* i det markante pres for at ændre byrdefordeling i bred forstand. Devisen har været, at *nu* skal der ske noget – der skal ikke køres frihjul. Som nævnt er andres free-riding en stor udfordring for USA, men Trump-regeringen har hidtil gået langt mere kontant til værks end hans forgænger.

Det er for tidligt at drage klare konklusioner, om hvorvidt der er tale om en egentlig trumpisme efter Trump-regeringens første godt to år. Dels er det for kort tid, dels er der ikke sket nogen af de større internationale hændelser, der normalt får en amerikansk regering til at handle og træde i karakter, bortset fra konflikterne med Nordkorea og Iran. Konflikten med Nordkorea holdt sig på et politisk plan, og konflikten med Iran er pt. verserende, men stadig også politisk.

Til gengæld kan man godt pege på træk som ovennævnte, der antyder en mulig kurs, radikaliseringen af målene og, først og fremmest, en anden tilgang til at håndtere dem på.

Trumps holdninger har, på det generelle plan, været forholdsvis konsistente under hans valgkamp (Laderman og Simms, 2017) og i starten af hans embede. Holdningerne har imidlertid været så generelle – 'Amerika først', 'vil ændre byrdefordeling' – at de ikke altid har været hensigtsmæssige i forhold til konkrete udfordringer. De afspejler dog en opfattelse af, at USA er under pres, og at vejen frem er en højere grad af minimalisme i det amerikansk globale engagement. Det vil sige, at man i mindre grad påtager sig international problemløsning. Det har den fordel på kort sigt, at man sparer konkrete udgifter, men det har også den ulempe, at man mister indflydelse, og at problemer kan udvikle sig og komme ud af kontrol set fra et amerikansk perspektiv – for selv om USA ikke påtager sig ansvar for at håndtere en konflikt, er der stadig vidtspændende amerikanske interesser internationalt (Hansen, 2011). Donald Trump har f.eks. meldt sig ud af den internationale klimadagsorden, men USA vil stadig blive påvirket både af klimaproblemer og -initiativer.

Da Donald Trump blev præsident, var det med et republikansk flertal i begge kongressens kamre. Efter midtvejsvalget i november 2018 fik demokraterne flertal i repræsentanternes hus. Derudover har der også været uenighed om USA's internationale kurs internt i det republikanske parti.

Indtil videre er der langt fra begrænsningerne i det amerikanske engagement til en egentlig tilbagetrækning. Der er imidlertid en intern amerikansk magtkamp i gang, om hvordan man skal reagere på det reducerede magtforspring. Magtkampen er reel og går langt dybere end spørgsmålet om, hvilke personer, der er i præsidentens nåde. En egentlig test af styrkeforholdene vil formentlig vise sig, hvis der opstår en ny, større internationalt konflikt.

Henvisninger

Brooks, Stephen G. and William C. Wohlforth (2016): *America Abroad: The United States' Global Role in the 21st Century*. Oxford: Oxford University Press.

Christensen, Thomas J. (2015): 'Obama and Asia'. *Foreign Affairs*, Vol. 94, no. 5, pp. 28-36.

Gholz, Eugene, Daryl Press and Harvey Sapolski (1997): 'Come Home America: The Strategy of Restraint in the Face of Temptation'. *International Security*, Spring, pp. 5-48.

Hansen, Birthe (2011): *Unipolarity and World Politics*. London/New York: Routledge.

Hershco, Tsilla (2016): 'Trump's Ambivalence Towards NATO Could Backfire'. BESA Center, *Perspective Paper*, No. 381. https://besacenter.org/perspectives-papers/381-hershco-trumps-ambivalence-towards-nato-backfire/

Huntington, Samuel (1993): 'Why International Primacy Matters'. *International Security*, Vol 17., No. 4, pp. 68-83.

Laderman, Charlie, and Brendan Simms (2017): *Donald Trump. The Making of a World View*. London: I.B.Tauris.

Schweller, Randall (2018): 'Three Cheers for Trump's Foreign Policy'. *Foreign Affairs*, Vol. 97:5, pp. 1331-143.

Walt, Stephen M. (2018*): The Hell of Good Intentions. America's Foreign Policy Elite and the Decline of U.S. Primacy*. New York: Farrar, Straus and Giroux.

Waltz, Kenneth N. (1979): *Theory of International Politics*. New York: Random House.

Trump i Mellemøsten[45]

I Obama-årene blev Mellemøsten det første sted, man for alvor mærkede, at USA justerede sit ydre engagement. Næste lag af store magter var begyndt at presse på med øget styrke og mere offensiv udenrigspolitik. Obama-regeringens reaktion var, i dens anden periode, at neddrosle engagementet i Mellemøsten. Linjen synes til en vis grad at være blevet fortsat af Trump-regeringen, i hvert fald hvis man ser på dennes to første år. USA er imidlertid stadig supermagten i Mellemøsten. Der er endnu intet alternativ, USA fylder stadig meget i regionen, og man forfølger stadig en række klare mål.

Det er klart, at betingelserne har ændret sig meget. For det *første* fordi USA nu har et mindre magtforspring til potentielle konkurrenter (især Kina) end tidligere. For det *andet* fordi mellemøstlig politik har ændret sig – ikke mindst på grund af tidligere amerikansk politik. For det *tredje* fordi Trump-regeringen satser på andre midler end USA's hidtidige efter-koldkrigsregeringer.

I grove træk kan man konkludere, at USA pt. prioriterer sin opmærksomhed direkte om potentielle konkurrenter, at Mellemøstlig politik er blevet mindre attraktiv, og at Trump-regeringen generelt signalerer til andre stater, at de ikke længere kan læne sig

---

[45] Teksten er ikke tidligere udgivet. Den er skrevet i 2019/-20 og et eksempel på et 'work in progress', som Birthe arbejdede på i forbindelse med sit sidste undervisningsforløb.

tilbage og satse på, at USA bare klarer ærterne. De må 'til lommerne' selv.

Mellemøsten efter de store opbrud

Mellemøsten har aldrig været det primære teater for USA i tiden efter 2. Verdenskrig. Under den kolde krig var det nummer tre efter nummer et, det indbyrdes forhold mellem USA og Sovjet, og nummer to, Europa. Koldkrigsafslutningen efterlod USA som den eneste supermagt og dermed også i Mellemøsten. Efter først at have knæsat nogle spilleregler med befrielsen af Kuwait efter den irakiske invasion, lod USA regionen ligge. Der var nok af andre ting at se til i Eurasien med Tysklands genforening og den sovjetiske opløsning.

Efter en rolig periode, blev den amerikanske opmærksomhed igen rettet mod Mellemøsten med terrorangrebene i 2001. Mellemøsten i bred forstand blev derefter set som et sted, hvor der skulle ryddes op, og USA gik ind i Afghanistan og Irak samt satte en demokratiseringsproces i gang. Magtopgøret i Irak satte processen i stå i nogle år, men den vendte tilbage nedefra med det arabiske forår. Udfaldet blev blandet, og værst gik det med udbruddet af den syriske borgerkrig. De gamle arabiske stormagter var nede: Syrien som nævnt i borgerkrig, Irak præget af magtopgøret, Egypten i dyb økonomisk krise, og Libyen af ustabilitet. Der var også en række fremskridt, men fælles for de fire lande var, at de var ude af stand til at tage regionale initiativer, opslugt af indre udfordringer, og endnu ikke i stand til at mønstre sammenhængende nationale projekter.

Af større, relativt stabile regionale magter var der efter de arabiske forår kun Israel, Saudi Arabien, Iran og Tyrkiet tilbage. Af disse havde USA et mangeårigt godt forhold til Israel og Saudi Arabien på den ene side, og et dårligt forhold til Iran siden 1979 på den anden. Forholdet til Tyrkiet var blandet, eftersom Tyrkiet var medlem af NATO og tidligere hjælpsom USA-allieret, men nu flirtede med Rusland og Iran, samt var slået ind på en autoritær kurs under præsident Erdogan.

Det var da også disse tre magter, USA fokuserede på fra Obama-regeringens anden periode. Israel klarede skærene selv, og Obama-regeringen blandede sig ikke aktivt i fredsprocessen med palæstinenserne. Saudi Arabien blev anset for at have et usympatisk styre men til dagligt at være selvkørende og en buffer mod Iran. Til gengæld tog Obama-regeringen et stort initiativ i forhandlinger – sammen med de fem andre permanente medlemmer af sikkerhedsrådet, Tyskland og EU og landede i 2015 en aftale med Iran. Aftalen skulle forsinke Irans udvikling af atomvåben mod at hæve sanktioner og bane vej for Irans reintegration i det internationale samfund og den regional politik.

Atomaftalen med Iran blev, ifølge Det Internationale Atomenergiagentur, overholdt fra iranske side, men til gengæld syntes Iran ikke at ønske at indgå konstruktivt i den regionale politik. Tværtimod øgede Iran sin støtte til Hizbollah i Libanon, bidrog til den syriske borgerkrig og støttede Houti-oprørerne i den væbnede konflikt i Yemen. Ikke mindst i Syrien viste Iran, at man ikke havde tænkt sig at slække på sine regionale ambitioner, når der lå et magttomrum og ventede.

Det formelle forhold til Tyrkiet blev opretholdt, og der fandt et vist samarbejde sted mellem USA og Tyrkiet i bekæmpelsen af ISIL. Samtidigt var der også var store uenigheder om syrisk-kurdiske grupper, der samarbejdede fuldt med USA mod ISIL, da Tyrkiet søgte at bruge engagementet i Syrien til at bekæmpe også disse.

USA var stadig til stede i Irak, Afghanistan og Syrien. I forhold til Irak og Afghanistan havde Obama-regeringen først ønske tilbagetrækning, men var i stedet endt med – efter både troppereduktion og -forstærkning – at opretholde tilstedeværelsen. I Syrien havde Obama-regeringen ikke ønsket at intervenere i borgerkrigen, men forpligtet sig på gengældelse i tilfælde af ny anvendelse af kemiske våben efter det første angreb. Gengældelsen udeblev. I kampen mod terrornetværket ISIL, sendte USA et begrænset antal styrker til Syrien, der skulle bidrage til nedkæmpelsen. ISIL's såkaldte kalifat blev senere opløst, men ca. 2.000 amerikanske tropper fortsatte med at bekæmpe tilbageværende ISIL-lommer.

På den baggrund kan man beskrive Mellemøsten som en lidet attraktiv region for USA: allierede, der ikke kunne enes; vedvarende omkostningsfuld ustabilitet; samt regeringer, der ikke formåede at samle eller spille med.

Trumps to første år

Med få undtagelser har Trump-regeringen fortsat Obamas politik i Mellemøsten, om end med en anderledes og mere kynisk retorik.

I juledagene 2018 rejste Donald Trump på et uventet besøg hos amerikanske styrker i Irak. Her holdt han en tale, hvor han bekræftede, at der ikke var planer om at trække styrkerne hjem, da der stadig var opgaver at løse. Samtidig gav han udtryk for, at irakerne burde yde mere selv, og fik dermed sendt et signal til den irakiske regering om, at den ikke blot kan forlade sig på den amerikanske tilstedeværelse, og at USA ikke vil nation-building – men han fik også taget noget moral ud af styrkerne ved at problematisere deres tilstedeværelse.

Besøget i Irak kom kort efter, at Trump havde erklæret, at han ville trække de amerikanske styrker ud af Syrien, da ISIL reelt var nedkæmpet. Efter erklæringen mødte Trump dog stor indenrigspolitisk modstand, og modererede hurtigt sin erklæring. Inden da havde han to gange iværksat angreb i Syrien. Det første som gengældelse efter Asad-regimets brug af kemiske våben i 2017. Angrebet med missiler rettede sig mod en syrisk luftbase, efter at Rusland var blevet adviseret (og derefter formodentlig havde adviseret Asad-regimet). Det andet atter som gengældelse, denne gang i 2018 og med deltagelse af UK og Frankrig. Kemiske våben-anlæg omkring Damaskus blev angrebet med missiler efter et kemisk angreb mod forstaden Douma ugen før.

I kølvandet på erklæringen om troppetilbagetrækning fra Syrien, sagde talsmænd for Trump, at der også blev planlagt en tilbagetrækning af ca. 7.000 soldater fra Afghanistan, ca. halvdelen de resterende amerikanske styrker. Begrundelsen skulle være at give Afghanistan et incitament til i højere grad at forlade sig på egne styrker frem for vestlig støtte[46].

Under sin valgkamp havde Donald Trump i skarpe vendinger kritiseret Obama-regeringens Iran-politik og lovet, at han ville opsige atomaftalen med Iran. Det skete også i hans første år som præsident, og sanktionerne blev genindført. En eventuel senere genforhandling af aftalen ville, ifølge Trump, kræve, at Iran ændrede sin politik og ophørte med at støtte terror.

Da aftalen blev indgået, betød den umiddelbart en styrkelse af Iran, der både fik udsigt til bedre økonomi og politiske muligheder i regionen, men også til at lettelsen ved ikke at være på kollisionskurs – men nu talefod – med verdens eneste supermagt. Omvendt betød aftalen også, at USA's hidtidige allierede i Golfen, Saudi Arabien, blev ringere stillet. Saudi Arabien og Iran rivaliserede om magten i Golfområdet, og Saudi Arabien havde hidtil haft den fordel at have USA i ryggen, mens Iran havde stået over for både Saudi Arabien og USA. Med atomaftalen ændrede Obama-regeringen således magtbalancen i Golfen.

---

[46]

https://www.nytimes.com/2018/12/20/us/politics/afghanistan-troop-withdrawal.html

Trump-regeringen tilbageførte forholdene. Saudi Arabien var det første land, han besøgte som præsident, hvilket sendte et signal om alliancen vigtighed, og han indgik en historisk stor handels-/våbenaftale med det saudiske styre. Sammen med opsigelsen af atomaftalen viste dette, at Trump satsede på Saudi Arabien som allieret og bolværk mod Iran.

Satsningen på Saudi Arabien blev imidlertid forstyrret af en uventet sag i efteråret 2018. Journalisten Jamal Khashoggi, der var saudier, men regimekritisk og eksileret, forsvandt under et ærinde på det saudiske konsulat i Istanbul. Drypvist kom det frem, at han var død, så myrdet, og så at der var tale om saudiske gerningsmænd.

Nu stod USA med en nær allieret, der både havde forbrudt sig mod menneskerettigheder og krænket en anden allieret. Saudi Arabien prøvede først at sno sig uden om, men måtte gradvist gå til bekendelse. Dog fastholdt man, at kronprinsen – trods stærke indicier – ikke var indblandet. Donald Trump erklærede, at man ville fastholde den store våbenhandel og forholdet til Saudi Arabien, da dette var i tråd med hans *America first*-politik og hensynet til amerikansk jobs.

Efterfølgende kom udmeldingen om, at USA ville trække sig helt ud af Syrien. Meldingen, som han havde modereret, gav i første omgang Tyrkiet friere spil i Syrien, og dermed mulighed for at bekæmpe ikke bare ISIL, men også de syrisk-kurdiske YPG-grupper. Præsident Ergodan udtrykte tilfredshed, og begyndte at sende tropper over grænsen. Mange politikere i USA havde frygtet, at tilbagetrækningsmeldingen ville bringe de hidtidigt amerikansk-allierede kurdiske grupper i fare og dermed signaler tab af troværdighed og amerikanske vilje til at 'sælge allierede'. Efter en lille uges tid oplyste sikkerhedsrådgiver John Bolton da også, at USA krævede sikkerhedsgarantier for kurderne.

Den israelsk-palæstinensiske fredsproces havde i store træk ligget stille i Obama-tiden. Præsident Trump startede med at lufte muligheden for, at USA forlod to-stats-linjen. Det vil sige, det regime, som processen har forløbet inden for siden 1967. Rammerne er, at Israel skal sikres samtidig med, at der arbejdes mod også dannelsen af en palæstinensisk stat, og at udviklinger i processen skal ske gennem forhandling. Donald Trump lagde sig ikke endelig fast, men forlod emnet. Han udnævnte en udsending, sin svigersøn Jared Kushner, men offentliggjorde ikke elementer af en eventuel konkret plan for fremdriften. I stedet annoncerede han senere, at USA ville flytte sin ambassade fra Tel Aviv til (det vestlige) Jerusalem. Flytningen fandt sted på Israels 70-års fødselsdag i maj 2018, i første omfang i form af en sammenlægning med konsulatet i Jerusalem, mens et nyt bygningsprojekt blev påbegyndt. En række funktioner foretages fortsat fra en filial i Tel Aviv.

Hvis man ser mere tværgående på tingene, har Trump-regeringen fortsat neddroslingen af det storstilede demokratiseringsprojekt for regionen, der blev iværksat under George W. Bush. Donald Trump har understreget dette, ved at eksplicitere, at nation-building ikke er noget, USA giver sig af med, jf. hans 2018-juletale til de udsendte soldater i Irak.

146

Alt i alt har Trump-regeringen i de første to år hovedsageligt fulgt Obamas linje, prøvet grænser – og ved flere lejligheder bakket ned, og markeret sig selv med to initiativer: det første at opsige atomaftalen med Iran, det andet af mere symbolsk karakter, at flytte USA's ambassade til Jerusalem.

USA's rolle

Betyder Donald Trumps hidtidige politik så, at USA's rolle i Mellemøsten er blevet ændret? På kort sigt ser det ikke sådan ud. Syrien blev reelt opgivet allerede under Obama-regeringen, men USA's forhold til Syrien var i forvejen dårligt. Det har det historisk været, kun med små undtagelser i starten af 1990'erne. USA har dermed ikke tidligere haft direkte indflydelse i Syrien.

I løbet af borgerkrigen har Rusland fornyet sit engagement i Syrien og bidraget til at holde Asad-regeringen ved magten. For tiden tyder alt dog på, at Rusland har nok at gøre i Syrien og ikke umiddelbart satser på at 'brede sig' i Mellemøsten. Økonomisk synes genopbygningen af Syrien også at være en stor mundfuld for Rusland, der gerne ser EU bidrage på dette område.

Det russiske engagement har dog sendt et signal i regionen om, at autokrater som Asad kan blive siddende, hvis de får en hånd ude fra – og oppositionen ikke gør det. Sammen med USA's neddrosling af demokrati-projektet og den autoritære drejning i

Tyrkiet, bidrager dette ikke til at opmuntre demokratiske tiltag.

At USA har opgivet demokrati-projekt i den store stil, betyder dog ikke nødvendigvis, at USA's rolle og indflydelse er et overstået kapitel. USA har traditionelt stået for demokrati og menneskerettigheder, men Bushs version af projektet var mere en undtagelse, end det var normalen. På længere sigt kan nedtoningen dog vise sig at have alvorlige konsekvenser for den regionale udvikling. Magtopgørene i Irak efter 2003 og i Libyen og Syrien efter det arabiske forår viste, at de mange år med stærkt autoritære regimer havde påvirket samfundene dybt og hæmmet deres muligheder for at udvikle nationale projekter, kompromisser og procedurer.

Kina har efter årtusindskiftet fokuseret stadig mere på Mellemøsten. Primært er dette dog sket gennem finansiering af infrastrukturprojekter i arabiske lande, eftergivelse af lån, et begrænset antal fredsbevarende styrker, samt økonomisk støtte til Iran, der har bidraget til at afbøde effekterne af sanktionerne efter USA's opsigelse af atomaftalen[47].

Da Trump-regeringen opsagde atomaftalen med Iran, var der ulemper og fordele. På den ene side opgav man muligheden for at genintegrere Iran i det internationale samfund og muligheden for selv at følge med i Irans bestræbelser på atomområdet (da de øvrige medunderskrivere valgte fortsat at opretholde aftalen, bevarede de muligheden ud fra afta-

---

[47] https://intpolicydigest.org/2017/10/25/china-s-military-shift-middle-east/

lebestemmelserne). På den anden side forsøgte man
– med sanktioner og politisk afvisning at hæmme
Irans regionale udfoldelse, der helt klart ikke svare-
de til en genintegration. Og man genetablerede den
tidligere magtbalance i Golfen.

Det viste sig, at USA for tiden satser på hidtil stabile
allierede i regionen, primært Israel og Saudi Arabien.
Det er selvfølgelig et spørgsmål, hvor stabil Saudi
Arabien, da den interne politiske situation næppe er
holdbar i længden.

I den mindre spektakulære genre er USA stadig med
i Mellemøsten. I Libyen udfoldes en stabiliserings-
indsats og gives støtte via USAID (United States
Agency for International Development), i Libanon
holder USA hånden under den nationale hær (Liba-
nons væbnede styrker), Egypten modtager stadig
vital økonomisk støtte fra USA, USA er Jordans stør-
ste bilaterale bidragyder af støtte, og der er generelt
i regionen stadig myriader af amerikanske projekter,
amerikansk støtte til civilsamfundsaktiviteter, han-
del og så videre.

Mere formelt er USA stadig den eneste supermagt i
regionen, og USA er stadig i størstedelen af regionen
– ikke i Iran, og ikke i Syrien, men ingen af stederne
var man ej heller før.

Amerikanske dilemmaer

Både Obama-regeringerne og Trump-regeringen i
dens første fase har sendt et signal til de mellemøst-
lige stater: I skal yde noget mere selv. En indsats i

149

syriske borgerkrig blev opgivet fra starten, og i stedet blev Syrien overladt til Rusland. Fredsprocessen mellem Israel og palæstinenserne står indtil videre på standby – også med signal om, at der skal ske noget fra parternes egen side.

Iran er stadig det store problem for USA. Hverken isolation, forhandling eller isolation har hjulpet set fra et amerikansk perspektiv. Præsident Obama prøvede forhandlingsvejen, men Trump-regeringen skrottede den. Dette forbedrede det iransk-kinesiske forhold.

Der er dog langt fra Kinas øgede økonomiske indflydelse i regionen til, at man kan tale om at den ledende amerikansk rolle er udfordret. Bush-årene, hvor USA valgte at bruge sit overskud på at reformere regionen, var mere en undtagelse end reglen i amerikansk politik.

Det største problem siden slutningen af Obama-tiden er formentlig, at USA har nedtonet demokratiseringsprojektet i så høj grad, som det er tilfældet. Demokratiseringsparate grupper i Mellemøsten mangler inspiration og opbakning, og lederne af de gamle, stive strukturer kan føle sig mere sikre.